I0123377

CINQUANTENAIRE D'AUROVILLE

Auroville,
une cité en quête de Vérité

Jean-Louis Guébourg

© Jean-Louis Guébourg
19 rue du Mail – 75002 Paris

Tous droits de reproduction, d'adaptation et de traduction, intégrale ou partielle, réservés pour tous pays.

ISBN : 978-2-9555552-4-8

Avertissement

Le cinquantenaire de la naissance de la cité de l'Aurore mérite un retour sur le passé tout à fait remarquable de ces hommes et femmes qui ont œuvré sans compter pour atteindre une conscience nouvelle, approcher le Supramental par une transformation à travers une Sâdhanâ[1] souvent rigoureuse... Ce document n'est pas exhaustif. Il est assez dense pour délivrer une information et suffisamment court pour espérer ne point lasser. C'est uniquement un viatique pour celles et ceux qui n'ont d'Auroville qu'une vision nébuleuse voire aucunes idées sur la question. Pour traiter d'un sujet aussi vaste en si peu de pages il a fallu faire des choix draconiens et souvent douloureux.

L'anglais étant la langue dominante à Auroville les lieux, le statut des touristes, la désignation des échoppes relèvent de l'idiome anglo-saxon ; même un Français peu ou prou s'y plie : jamais le terme « visiteurs » n'est utilisé mais on use de celui de guests. Les nouveaux arrivants acceptés par l'Entry Group (le bureau des entrées) sont appelés Newcomers. Le centre névralgique de la cité proche du Matrimandir – la Mairie en quelque sorte – c'est Town Hall avec en son cœur les administrations comme le Financial Service qui délivre les aurocards (cartes financières d'Auroville où l'on peut déposer jusqu'à 50 000 roupies par jour, régler hébergement, boutiques et repas sans toucher à l'argent). Les entrepreneurs sont dénommés executives ou holders, les gestionnaires stewards...

---

[1] Sâdhanâ : pratique, cheminement spirituel.

Remerciements

à

André, Geneviève et Louis, Christine et Alain, Marie, Nathalie et Patrick, Bhagwandas, Fabienne et Claude J., Tom, Jean-Claude P., José-Luis et Arlet, Marc, Sri Moy, Ilengo et Kripa, Angèle, Krishna-Vely, Jean-Marc et Odile, Anita, Paul, Paulo, Sunja et Mimi, Heidi et Patrick, Marie Christine et Richard, Michèle et Elodie...

Tous m'ont aidé et soutenu dans ce travail d'enquêtes malaisé et ingrat mais indispensable à toute recherche.

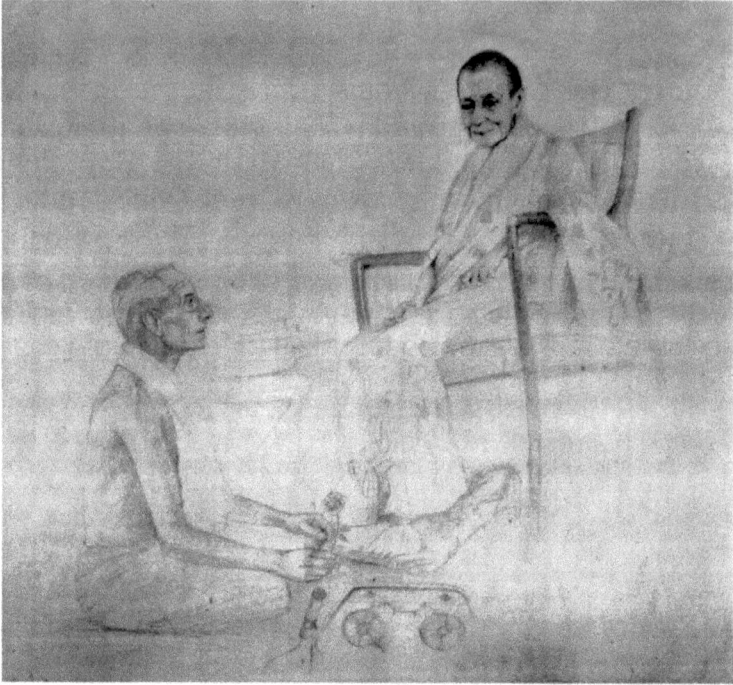

Satprem aux pieds de Mère, enregistrant une conversation de l'agenda
(croquis d'André Hababou)

Introduction

André H.

André se rend chaque matin dès 6 heures à la chambre intérieure du Matrimandir. Avant chaque méditation il remercie le Divin de lui accorder la grâce d'accroître son être psychique, grâce qu'il a reçue au Parc à charbon dès son arrivée en 1968 à l'Ashram de Mère et de Sri Aurobindo. A cette époque, il y a déjà 50 ans, il était porté par une immense aspiration suite à la lecture de l'ouvrage de Satprem[2] « L'Aventure de la Conscience ». Il revoit en film accéléré toute son existence aurovilienne, la besogne collective et joyeuse lors des fondations du Matrimandir, son amitié et ce long cheminement avec Roger Anger, ses constructions personnelles, ses croquis pour son entreprise de confection qui a touché les exportateurs, et sa fille Pavitra qu'il a élevée avec sa compagne Prema. Alors vital et mental apaisés, il se consacre au Divin...

Marie de Botanical Gardens

Du lever du jour au couchant, quel que soit le temps, la charmante paysagiste Marie, boule d'énergie toujours en mouvement, pense, imagine, anticipe, répartit les tâches sur ce bel espace de 20 ha où un arboretum – produit d'une recherche sur la centaine d'espèces que formait la TDEF (Tropical Dry Evergreen Forest) locale avant la déforestation – demeure le joyau d'un savoir-faire qui s'exporte dans toute l'Union Indienne. Ce jardin extraordinaire se décline en

---

2 Peut-être est-il bon de s'arrêter quelques secondes sur Satprem, un ami proche de Mère qui a eu le grand mérite après une vie mouvementée (camp de concentration à 19 ans, recherche intérieure en Guyane, sanyasi errant en Inde) de rédiger un ouvrage important *L'Aventure de la Conscience* au début des années soixante qui a touché un grand nombre de pionniers auroviliens. Il s'est battu contre une faction ashramite pour faire publier les agendas de mère sans en changer une ligne et dut s'exiler au péril de sa vie dans les Nilgiri avec sa fidèle compagne Sujatta.

vergers, en espace vert à papillon que n'aurait pas dédaigné ce bon p'tit diable de Brassens, en pépinière avec champ de recherche rare sur le patrimoine arboricole et se clôture vers l'Est excentrée, une forêt sacrée, où l'on ne peut pénétrer car l'arbre et l'animal se confrontent seuls avec la nature... Marie, c'est le rayon de soleil de Botanical Gardens.

Louis de Citadines

Louis est pensif. Sa vitalité peu commune l'a amené à mener de front moult projets depuis 1972. Sur la terrasse de Citadines où il réside, au-delà des houppiers de la canopée il regarde avec Geneviève son épouse les reflets mordorés du Matrimandir dans les rayons du couchant. Son nouvel immeuble Sunship, en voie de finition, permettra à une quarantaine de familles auroviliennes – dont 18 ont été dotées gratuitement – de vivre confortablement dans un espace protégé, calme et serein. Car avec sa salle d'exposition, sa cafeteria, sa laverie commune et ses cuisines fonctionnelles, il a instauré sur son espace proche du Matrimandir – avec d'autres bien sûr – une véritable atmosphère de paix et de convivialité. Il espère transmettre cet esprit dans la première des 11 lignes de force architecturale séparant les espaces fonctionnels de la cité qui comprendra plusieurs tranches de 500 résidents. Mais réunira-t-il les fonds nécessaires pour ce projet fortement discuté ? Et pourtant la cité a besoin de grandir !

Krishna-Vély d'Auromode

Cette Tamoule, la petite quarantaine au charme indéniable, affiche retenue et discrétion qui lui valent respect et admiration de tous. C'est elle qui, inlassablement et chaque semaine, honore Ganesh et Nakata Aman par une pouja modeste avec fumigations, chants, sonnette et poutou au cœur de la fabrique de confection où elle s'active. Non seulement les statues sont fleuries, de colliers de jasmin, encensées et parfumées d'huiles essentielles mais un dessin kabbalistique à la craie, appelé « kolam », protège l'espace et le labeur de tous. Cette amma est l'âme d'Auromode.

Patrick de Révélation

Révélation a été créée en 1975 mais c'est Hervé qui de 1980 à 90 a développé une ferme expérimentale à caractère biologique. Patrick est arrivé à Auroville en 1984 et a obtenu le statut de steward pour le parc de Mahakali au nord d'Auroville. Avec un héritage familial il a habilement acquis les terres adjacentes à la parcelle confiée par les autorités auroviliennes pour rassembler un ensemble-parc forestier de 36 hectares dont un tiers relève à l'est de la Green Belt et deux tiers de l'espace dit urbain. Il est bordé à l'ouest par l'atelier d'Auromode et à l'est par les centres d'éducation Transition, Future et Youth Center, ce qui en fait un modèle de proximité unique et proche pour l'initiation des enfants à la forêt. L'espace étant désertique, il faut bien lui reconnaître une réussite écologique exemplaire ! Car parti d'un plateau cuirassé et raviné, il est arrivé à reconstituer en une vie, grâce à l'arbre pionnier, l'*Acacia Auriculoformis*, les conditions permettant la reconstitution de la forêt native sempervirente, notamment ses ébéniers. Par le biais d'une gestion rationnelle de l'eau et une amélioration de la protection des sols, la forêt climax telle qu'elle fut décrite par Maherhomj et Legris en 1963 est réapparue. Avec Jean Two Banyans, Johny et les autres, ce groupe de Greenbelters sert de modèle au monde pour l'efficacité dans la recherche et la régénération forestière.

Kalyani du Labo d'Evolution

Est responsable du Laboratoire d'Evolution, modeste centre de recherche spirituel caché derrière l'imposant Bharat Nivas et la minuscule Poste. Elle accumule, répertorie et classe depuis 20 ans des ouvrages spirituels, philosophiques, sociétaux et scientifiques qui forment actuellement un corpus non négligeable. C'est l'unique bibliothèque scientifique avec le Centre de documentation et d'archives de Gilles. Spécialiste de sport de combat, elle enseigne avec brio toutes techniques de massages aux élèves ravis de son dynamisme et de ses compétences. Souvent en fin de journée dans le soleil déclinant, les claustras laissent passer un doux zéphyr qui donne à sa bibliothèque – rendez-vous journalier des chats du voisinage – un parfum de livres d'antan. Chez l'autre elle ne distingue plus les différences mais voit en chacun une âme unique qui cherche à faire grandir son être psychique. Pour elle, toute rencontre est enrichissante car elle transmet cette lumière indicible fédérant le réseau invisible mais réel entre tous les Auroviliens...

Ilengo de Last School

Est un pur produit d'Auroville. Petit fils de Bernard B., une figure pionnière d'Auroville, fils de Kripa, enseignante et gestionnaire de guest house, il a grandi dans la liberté, le sport et le multilinguisme. Il a opté pour la Last School plutôt que la voie classique mais rigide de Future school... Il sait qu'il pourra s'il le désire intégrer n'importe quelle université par le biais d'un entretien car sa culture le rassure. Peut-être par provocation ou souci d'équité, il a choisi l'anglais en priorité pour ses options disciplinaires au grand dam de ses camarades francophones. A 16 ans, « Foin des bocks et de la limonade », les poings dans les poches de son bermuda rayé, il va comme un feu d'avenir comme un Wunderkind qui peut-être avec d'autres jugulera la démographie galopante et convaincra sa génération à abandonner les guerres religieuses d'un autre temps et à respecter dans un vaste mouvement mondial la Terre et tous ceux qui en dépendent...

Tous ces instantanés nous interpellent et soulignent la diversité de cette communauté unie par son aspiration vers une conscience nouvelle.

Quand le 28 février 1968, à 10 km au nord de Pondichery, 124 nations et 23 Etats représentés respectivement par un couple de jeunes gens laissent tomber à tour de rôle quelques onces de terre dans une urne en céramique en forme de lotus stylisé, une intense émotion se répand sur la foule présente arrivée le matin même par autobus et rassemblée sous une grande toile de tente circulaire dressée pour l'occasion. Une voix résonne dans le haut-parleur, cette voix si caractéristique est celle de Mère et son discours égrène les articles de la Charte d'Auroville[3], un rituel très fort, sans précédent dans la fondation d'une ville. Ce texte toujours d'actualité enracine pour toujours la cité dans le temps.

Un demi-siècle plus tard une foule bien plus nombreuse commémore ce geste, pérennisant une cité-laboratoire née d'un rêve du Divin, visualisée par Mère et réalisée par des Femmes et des Hommes de bonne volonté, de toutes nations, mus par une aspiration divine profonde et continue.

Cependant le chemin fut long et malaisé et le groupe de pionniers, ces premiers Auroviliens qui ont cru en Mère, sont toujours là pour l'attester. Ils ont confié leur expérience dans un document-témoignage, les « Retournements »[4]. Que d'efforts, de souffrances mais aussi de joie sont contenus dans cet espace de 20 km² qui toujours interpelle le monde ?

Comment a-t-on obtenu ce résultat ce paysage unique en partant d'un désert et d'un rêve ?

Comment cette cité-laboratoire – car Mère n'use jamais du terme utopie qui contient en soi l'imaginaire permanent, donc l'échec à plus ou moins long terme – s'est-elle organisée avec ses principes tout juste effleurés dans sa Charte ?

---

[3] Cf. Annexe 1 : Auroville n'appartient à personne en particulier mais à toute l'humanité :
- pour y séjourner, il faut être le serviteur de la Conscience Divine ;
- ce sera le lieu de l'éducation perpétuelle, du progrès constant, d'une jeunesse qui ne vieillit point ;
- Auroville est le pont entre passé et avenir, ce sera le lieu de recherche matérielle et spirituelle pour donner un corps vivant à une humanité concrète. La charte fut diffusée sur toutes les antennes d'Akashvani, la radio nationale indienne. Satprem se rappelle : « nous la voyons juchée sur un petit tabouret en train d'écrire la charte armée d'un grand parchemin et d'un feutre trop épais qui faisait ressembler son écriture à des caractères cunéiformes. Je ne mets pas de solennité, prévenait-elle »...
[4] *Retournements : les débuts d'Auroville vus de l'intérieur*, Auroville Press, 2009.

Un espace rêvé, imaginé et réalisé

Auroville est née d'un rêve de Mère très ancien, rêve récurrent depuis son adolescence, rêve encouragé par Aurobindo Ghose à Pondichery. Peut-être est-il nécessaire de relater succinctement le parcours individuel de ces deux êtres spirituels hors du commun.

Mirra Alfassa et Aurobindo Ghose, respectivement en France et au Bengale, connurent une enfance bien différente. Ils avaient 6 ans de différence. Aurobindo est né en 1872, Mirra en 1878 mais tous deux connurent une enfance marquée par la rigueur éducative, l'un avec un père médecin athée refusant le bengali à la maison, la seconde avec une mère Mathilde extrêmement intransigeante dans l'éducation de ses enfants, Mattéo et Mirra.

Le premier fut envoyé à 12 ans en pension en Angleterre avec ses frères, la seconde plus rebelle résista davantage et montra un sens de la justice hors du commun et des facilités dans bien des domaines.

Supputant que son avenir n'était pas dans l'administration anglaise, Aurobindo Ghose shunta l'épreuve de concours équestre et son père n'eut d'autre choix que de le rapatrier au Bengale où le rajah d'Alipore l'engagea comme secrétaire à Baroda. En 1892, il avait vingt ans. Or depuis 1885 le parti du Congrès créé par Tilak contestait systématiquement le Raj ; la révolte des Cipayes en 1857 en avait déjà souligné la fragilité. Le jeune Bengali voulut participer activement à la libération de son pays et dirigea un groupe vindicatif et décidé. Tout se termina rapidement par une inculpation, un procès et une année de prison (1908-09) à Alipore où Aurobindo Ghose approcha le Divin et modifia sa vision du monde. Son rôle n'était plus dans la lutte armée contre le colonisateur mais dans un autre type d'action davantage fondé sur la spiritualité. Sa capacité de travail hors norme lui permit d'apprendre rapidement le bengali et d'être initié en quelques jours par un yogi confirmé, Vishnu Baskar Lélé, qu'il stupéfia : il eut, sans l'avoir vraiment cherché, des expériences fondamentales comme le silence mental, la plongée soudaine dans le nirvâna que les yogi n'atteignent qu'après de longues années de tapasya[5] ...

Après une adolescence où elle montra d'étonnantes capacités artistiques au piano et en peinture, Mirra aborda les phénomènes ésotériques très en vogue à cette époque[6] comme la sortie temporaire du corps, adhéra aux travaux de Max Théon, un occultiste fort connu et participa avec l'épouse de ce dernier, Alma, durant 5 années à la *Revue Cosmique*. Elle épousa le peintre Morisset à 18 ans dont elle eut un enfant André puis en secondes noces s'associa avec un certain Richard, un homme aux puissantes relations qui lui fit rencontrer Aurobindo Ghose en 1914, moment d'intense illumination pour elle [7]. Serait-ce la rencontre du masculin et du féminin comme l'a suggéré Bhagwandas, un pionnier d'Auroville, de l'Orient et de l'Occident, de l'Inde et de la France ? Avant de rentrer en Europe, Mirra traduisit durant six mois les premiers numéros de l'*Arya* en français et ces textes eurent un effet puissant sur les chercheurs européens, propulsant Sri sur le devant de la scène internationale. Jugeant qu'elle n'était peut-être pas assez résistante pour subir l'intense pression qu'elle devrait partager avec lui, le maître de Pondichery ne la retint point et leur amitié se noua véritablement après la Grande guerre en 1920. A cette date, quand Mirra revint à Pondichery, face à la médiocrité de la résidence du maître et de ses quatre amis, elle procéda à un grand changement. Le jardin devint attrayant dans la cour à ciel ouvert et chaque pièce s'orna d'un mobilier décent, d'une

---

[5] Cf. glossaire.

[6] Cf. annexe 5.

[7] Elle notera dans ses carnets : « ...peu importe les milliers d'êtres plongés dans l'ignorance, Celui que nous avons vu hier est sur terre ; sa présence suffit à prouver qu'un jour viendra où l'ombre sera transformée en lumière... » L'Inde cacherait la lumière posture différente de la France qui elle la dispense. Notons aussi que c'est durant cette période de conflit (août 1914-1921) que Sri Aurobindo écrivit ses œuvres majeures et son poème « Savitri » fut en partie rédigé durant la Seconde guerre mondiale comme un antidote au poison qui se répandait dans le corps de la Terre (cf. Cristof, *L'Aurore d'une nouvelle vie*, 2017).

natte, d'une chaise et d'une petite table de travail. Il régna alors une atmosphère de rangement et d'ordre[8] .

1926 est une date importante pour les exégètes ashramites. Il semblerait que Mère ait affirmé que le 26 novembre le Seigneur était « descendu dans le Physique », désignant Aurobindo Ghose comme Avatar[9], l'entourage modifiant aussitôt le patronyme d'Aurobindo Ghose en Sri[10] Aurobindo. Les réflexions n'abondent guère sur ce phénomène exceptionnel qui a vu néanmoins Sri Aurobindo se retirer du monde quelques jours plus tard en décembre 1926 comme s'il devait se préserver de tout contact pour héberger un avatar et favoriser la descente des énergies supramentales. Ainsi Mirra Alfassa devint Mother (Mère) quand Sri Aurobindo lui confia l'Ashram et effectua une sâdhanâ intensive pour accélérer la descente du Supramental (cette confidence de Mère date de 1961). Peut-être est-ce à ce moment précis que sa qualité d'avatar[11] fut reconnue sans ambiguïté par une majorité de Tamouls. Car auparavant cette madame Richard que certains ashramites répugnaient à nommer Mother – une femme occidentale de surcroît – était-elle un avatar divin au même titre que Sri Aurobindo ? Ce fait dans les années trente fut bien difficile à accepter. Les disciples ne savaient pas encore que lorsque le Divin choisit, ses critères n'ont rien à voir avec la morale d'ici-bas.

---

[8] Nolini Kanta Gupta, cité par G. Van Vrekhen, page 101.

[9] 9 ans plus tard, Sri Aurobindo précisa que ce 26 novembre Krishna serait descendu, jour commémoré comme le jour du Sidhi. Avatar est une incarnation directe de la divinité, plus précisément un homme ou une femme qui est conscient de la présence et du pouvoir divin nés en lui ou descendus en lui et gouvernant de l'intérieur sa volonté, sa vie et son action. Sri Aurobindo usa de son autorité pour déclarer la Mère avatar : « La Mère est la conscience et la force du Suprême ».

[10] Le préfixe Sri traditionnellement employé comme une marque de respect ou de dévotion fait dans ce cas partie intégrante dont le pouvoir mantrique est renforcé.

[11] Les Indiens acceptent comme une évidence l'existence des avatars (terme qui signifie descente) qui « vient ouvrir pour l'humanité le chemin d'une conscience plus haute ». Tous les avatars s'inscrivent dans l'évolution de la vie terrestre. les dix premiers avatars seraient les poissons (premier vertébré), la tortue (mammifère le plus proche de l'homme), le sanglier, l'homme-lion (être de transition), le nain (don de voyance), l'homme à la hache (homo faber), l'archer (Rama à l'arc : l'homo sapiens), Krishna (ouverture vers les royaumes sur-mentaux), Bouddha (état nirvanique), le Christ (amour, charité, compassion, seul exemple d'avatar s'élevant avec son corps terrestre) et Kalki qui doit venir portant avec lui une humanité convertie à la nature supramentale.

Pendant un quart de siècle Mère côtoya Sri Aurobindo dans cet Ashram rénové, le seconda intensément quand il mena de front une opposition géopolitique mondiale face aux forces négatives hitlériennes mais malheureusement cette action retarda l'émergence du Supramental sur le globe. Tous deux avaient le sens de l'humour, sel de l'existence, ce qui facilita leurs relations. Tous deux refusaient le terme de « disciple » et dans leur vision du Supramental et du surhomme craignaient les conclusions sectaires de certains proches.

Entre 1938 et 42, Sri Aurobindo et Mère oeuvrèrent ensemble pour lutter contre l'expansion nazie favorisée par la frilosité de Joseph Chamberlain et une neutralité affirmée du peuple américain malgré les efforts de Franklin Roosevelt. La reculade de Munich en septembre 38 où la France ne tint point ses promesses vis-à-vis de la Tchécoslovaquie[12] entraîna la débâcle de mai 40 et érigea Churchill en unique défenseur des démocraties face au péril nazi. Ainsi Sri Aurobindo, qui avait été le premier révolutionnaire indien à exiger le départ des Britanniques, fut le premier à soutenir publiquement l'effort de guerre allié, s'opposant à ses compatriotes pour lesquels tout ce qui affaiblissait l'Anglais, y compris une victoire allemande, était bienvenu. Sri Aurobindo fit venir un poste de radio rue de la Marine et suivit jour après jour les rebondissements du conflit, l'Ashram étant un des premiers organismes à soutenir financièrement l'effort de guerre britannique. Le Maître fut également le premier à soutenir en 1942 la proposition du Britannique Cripps qui proposait le statut de dominion[13] à l'Inde contre un appui militaire sans faille, ce que refusa Gandhi empêtré la même année dans son boycott puis son « quit India » un peu tardif et sans effet.

Dès 1943, Mère fonda le Centre International d'Education Sri Aurobindo qui, inauguré en 1952, affirmait ses idées novatrices en matière d'éducation. Elle reprit les thèmes

---

[12] Pourtant avec ses frontières montagneuses et ses usines Skoda à fort potentiel militaire, elle était plus difficile à vaincre que la Pologne plaine agricole ouverte et sans industries !

[13] Avec ce statut, l'Inde aurait obtenu son indépendance dans l'unité sans partition come l'Australie ou le Canada.

sur l'éducation de l'enfant déjà développés au début du siècle par Sri Aurobindo[14]. Elle chercha aussi à éveiller chez l'enfant la foi dans les possibilités illimitées du corps car il naît avec un être psychique conscient en soi... Il y a toujours dans les rêves d'enfants cette sorte d'aspiration qui, pour la conscience enfantine, est quelque chose « *qui serait une beauté sans laideur, une justice sans injustice, une bonté sans limite, le miracle perpétuel... On rêve de pouvoir s'élever dans l'air, d'être partout où c'est nécessaire de guérir les malades... Quand un enfant est plein d'enthousiasme ne lui jetez pas d'eau froide en disant : ce n'est pas la vraie vie... c'est le contraire qu'il faudrait faire ! Il faut l'encourager et lui dire que si les choses paraissent vilaines, il y a derrière cela une beauté qui essaie de se réaliser... c'est cela qu'il faut que tu attires, c'est cela dont il faut faire le sujet de tes rêves ; tout ce qui semble irréel en toi, illusoire, c'est ça qui est vrai, il faut cultiver cette certitude, alors la foi s'éveille dans les cellules du corps... Et alors commence très jeune la première expérience, le premier contact avec la joie intérieure, avec la lumière intérieure et tu dois la rechercher encore et encore. Si l'on prend soin de ne pas le fausser, le corps porte en lui la certitude de la Victoire, il porte le sens de la divinité... »*

A la demande de Mère, Sri Aurobindo écrivit huit articles dans le bulletin entre février 1949 et novembre 1950, publiés sous le titre « De la manifestation supramentale sur la terre ». Il y parlait avec insistance de la nécessité d'un être de transition entre l'homme et l'être supra-humain. Comme tout ce qu'il rédigeait était le résultat de son expérience et de celle de Mère, il réalisa cet état transitoire dans son propre corps. Dans son analyse, l'homo sapiens actuel, quel que soit son degré d'avancement, gardera toujours en lui ce zeste d'animalité. Or l'être supramental est totalement différent, donc un être transitoire est nécessaire, que Mère nomma

---

[14] « Rien ne peut être enseigné qui ne soit présent en germe, dans l'âme qui peu à peu s'épanouit dans son milieu naturel. Les progrès sont guidés par l'âme et non soumis aux habitudes et aux idées préconçues ; le professeur est avant tout un guide sur le chemin de la connaissance de soi, non une machine à dispenser le savoir mais un humaniste au cœur d'un espace collectif intelligent ; enfin partir du proche pour aller au lointain, partir de son milieu puis appréhender sa région avant d'aborder le pays, la nation et l'état puis le vaste monde... » (Sri Aurobindo).

« surhomme ». En outre, un être s'identifie à sa conscience. Sri Aurobindo réalisa ce nouvel état de conscience qu'il a appelé « le Mental de Lumière », probablement parce que la pure conscience n'est que pure lumière.

En 1950, Sri Aurobindo quittait le monde physique car pour lui c'était la seule manière de vaincre la mort. Sri avait dit à Mère que l'un des deux aurait à franchir la barrière de la mort et à travailler de l'autre côté pour qu'elle puisse être vaincue car la mort est le plus grand obstacle à la transformation. C'est pourquoi, à Auroville nous sentons constamment la présence du maître autour de nous.

En 1954, Mère émit les premiers éléments du songe aurovilien :

« Il devrait y avoir quelque part sur la Terre un lieu dont aucune nation ne pourrait dire « qu'il est à moi ». Où tout homme de bonne volonté pourrait vivre librement comme citoyen du monde et n'obéir qu'à une seule autorité, celle de la suprême Vérité... Dans cet endroit les enfants pourraient croître et se développer intégralement sans perdre le contact avec leur âme[15]... la beauté sous toutes ses formes artistiques, que ce soit la peinture, la sculpture, la musique ou la littérature, serait accessible à tous également et non limitée par une position sociale et financière. Car dans ce lieu idéal, l'argent ne serait plus le souverain seigneur, la valeur individuelle serait supérieure à la richesse matérielle... la terre n'est pas prête pour réaliser un semblable idéal et c'est pourquoi je l'appelle un rêve, oui, un rêve du Seigneur et généralement ces rêves-là deviennent vrais, beaucoup plus vrais que les soi-disant réalités humaines... »

Le « jour doré » et les entretiens de mère

Au début des années 50, Mère suppléa le manque de professeur de français puis donna un cours aux adultes et aux enfants sur le terrain de sport de l'Ashram qui devint très vite un rituel apprécié. Car l'éducation restait une préoccupation

---

[15] L'instruction serait donnée non en vue de passer un examen mais pour enrichir les facultés existantes et en faire naître de nouvelles.

essentielle de Mère ! Elle montra au début des années cinquante à Pondichery un savoir-faire remarquable et novateur avec ses jardins d'enfants où l'on pratiquait le français, ses écoles maternelles d'avant-garde où l'enfant s'exprimait notamment sur le plan artistique, les horaires sportifs importants impliquant le port du short kaki, rouge ou bleu et l'usage du vélo pour les filles. Ses entretiens du soir dans l'enceinte sportive furent ensuite ouverts à tous. Comme Socrate avec les jeunes Athéniens, Mère usait de l'échange dialectique avec l'enfant comme avec l'adulte. Toutes les questions étaient les bienvenues, même les plus farfelues.

Le 29 février 1956 fut une date exceptionnelle car elle correspondait à la première descente du Supramental sur la terre. La Mère le nomma « le jour doré » ! Quelle en fut la preuve ? Certes, beaucoup ont ressenti le phénomène dans leur chair comme Satprem qui s'enferma, écrasé par la puissance du phénomène ou une enfant de l'Ashram, Tapas, qui ressentit à 4 ans une lumière différente durant la journée. Mais la preuve la plus tangible fut climatique. Un énorme anticyclone avec un front arctico-polaire embrasa toute l'Eurasie du 1er février à 0h au 28 février à minuit plongeant les terres dans une froidure continue, explosant par des chiffres records inconnus toutes les statistiques climatiques[16] depuis le XIXème siècle !! Comme si le Divin désirait purifier la Terre avant d'ouvrir le cycle prometteur de la Transformation !

L'expérience du 3 février 1958 : le bateau, passeur vers un monde nouveau

Cette expérience est celle d'un entretien de Mère, expérience dictée à Pavitra, secrétaire de l'Ashram, et lue à haute voix sur le terrain de jeu :

« *Avant, j'avais eu un contact subjectif avec le monde supramental tandis que le 3 février 1958 je m'y suis promenée* **concrètement,** *aussi concrètement quand je me promenais*

---

[16] Ce mois de février a vu s'établir des records de froid : -38°C en Lorraine, -70°C à Verkhoïansk en Sibérie orientale ; tous les oliviers d'Europe même ceux de Corse et de Sardaigne furent gelés, supprimant l'huile d'olive pour plusieurs années. Les chutes de neige furent importantes en Tunisie notamment à La Goulette.

à Paris autrefois, dans un monde **qui existe en soi**, en dehors de toute subjectivité. C'est comme un pont qui est en train d'être jeté, j'ai dicté immédiatement cette expérience : le monde supramental existe d'une façon permanente. J'en ai la preuve aujourd'hui même quand ma conscience terrestre est allée là-bas entre 2 et 3 heures de l'après-midi, je sais ce qui manque pour que ces deux mondes se rejoignent dans une relation constante et consciente, c'est une zone intermédiaire entre le monde physique tel qu'il est et le monde supramental tel qu'il est. C'est cette zone qui reste à construire, c'est ce monde nouveau dont je parlais autrefois... Je me trouvais sur un immense bateau qui est une représentation symbolique de l'endroit où ce travail est en train de s'accomplir. Le bateau est aussi grand qu'une ville et fonctionne depuis un certain temps. C'est l'endroit où l'on forme les gens destinés à la vie supramentale. Déjà ces gens qui étaient à bord avaient déjà subi cette transformation car le bateau lui-même n'était ni matériel, ni physique-subtil, ni vital, ni mental, c'était une substance supramentale... La lumière était un mélange d'or et de rouge, formant une substance uniforme d'un orange lumineux... Les passagers aussi étaient comme cela... L'impression générale était celle d'un monde avec des nuances mais sans ombres. Tout était silence mais on pouvait voir tous les détails d'une éducation, d'un entraînement dans tous les domaines, grâce auxquels les gens du bord étaient préparés. Cet immense navire venait d'accoster et un premier groupe destiné à ce nouveau monde descendait. Au débarcadère, des êtres de haute taille qui n'avaient jamais été humains auparavant contrôlaient le débarquement. J'avais moi-même préparé tous les groupes et les dirigeais sur la passerelle. Les êtres de haute taille passaient en revue ceux qui débarquaient, autorisant ceux qui étaient prêts et refoulant les autres sur l'embarcation. Je voulais voir et reconnaître les gens et distinguer ceux qui étaient pris et ceux qui devaient poursuivre leur entraînement. Je voulais rester mais je fus tirée en arrière, la pendule sonnait 3 heures et j'eus une sensation de chute soudaine dans mon corps. Je restai sans bouger jusqu'à ce que je puisse ramener toute l'expérience et la garder... *Sur le bateau les vêtements* *n'étaient pas faits d'étoffe et cette chose qui en tenait lieu faisait partie de leur corps et se modifiait après une opération intérieure selon la qualité de la vibration. C'était comme si leur conscience donnait forme ou apparence à cette substance. Ceux qui étaient renvoyés n'étaient pas d'une couleur uniforme, leur corps avait des taches d'une opacité grisâtre, d'une substance qui ressemblait à la substance terrestre, terne, pas transformée par la lumière. Quant aux êtres de haute taille, ils n'avaient pas la teinte orange des impétrants, ils étaient plus pâles, plus transparents, ils semblaient n'avoir pas d'ossature et pouvoir prendre des formes selon leurs besoins. Une certaine densité s'observait des pieds à la taille, moindre dans la partie supérieure du corps. Quant aux gens que j'ai vus à bord du bateau, je les reconnaissais tous. Certains étaient à l'ashram, d'autres venaient d'ailleurs, 3 ou 4 visages étaient visibles et quand je les ai vus, j'ai compris le sentiment que j'ai eu ici sur terre, en regardant dans leurs yeux : il y avait une joie si extraordinaire... Les gens étaient jeunes en général, il y avait très peu d'enfants et peu de vieillards... Ce que je peux dire c'est que le jugement était fondé exclusivement d'après la substance qui constituait les personnes, le point de vue n'était ni moral ni psychologique mais il était sans appel... Je savais que le monde supramental était permanent et ce qui manque c'est le chaînon qui est en train de se construire ; j'avais l'impression que la relation entre ce monde-ci et l'autre modifiait complètement le point de vue d'après lequel les choses devaient être évaluées ou appréciées ; ce point de vue donnait un sentiment intérieur étrange, que quantités de choses bonnes ou mauvaises ne le sont pas réellement... Ce qui est certain c'est que notre vision de ce qui est divin ou non divin n'est pas correcte. Ce que nous pensons être antidivin semble artificiel, fondé sur quelque chose qui n'est pas vrai ni vivant... Chez les gens aussi ce que j'ai vu, ce qui les aide à accéder au stade supramental ou les en empêche est très différent de ce qu'imaginent nos notions morales habituelles. J'ai senti combien nous sommes... ridicules. »*

Indéniablement cette force de février 56 doublée des expériences du 3 février 58 et du 12 avril 1962[17] confirmait le rêve enfoui de Mère qui s'affina et se précisa. Lors d'un entretien de juin 65, Mère visualisa Auroville :

« ...C'est la petite Huta qui a réveillé un vieux souvenir d'enfance déjà avec Théon (Mirra avait 18 ans) puis ravivé avec Sri Aurobindo... j'ai eu mon plan d'ensemble avec un point central, un parc avec de l'eau et des arbres... et des fleurs, des plantes grimpantes, des palmiers des fougères et de l'eau courante, si possible une petite cascade... et puis un pavillon que je nommerais voyons « principe créateur »... Un bâtiment, pas grand avec une salle de méditation en base avec des colonnes et une forme circulaire... Le premier étage serait une chambre et le toit une terrasse couverte... Mais je laisse ça à la décision de Roger[18]... Autour de ce centre il y aurait une route circulaire qui isole le parc du reste de la ville et (Mère dessine) quatre grandes sections comme quatre grands pétales ; comme ça, arrondis... Nous aurons la section culturelle au nord vers Madras, à l'Est la section industrielle, au sud la section internationale avec un pavillon par pays où ils pourront présenter les plantes et produits de leur pays... Et à l'ouest vers le lac, la section résidentielle. La section industrielle à l'est doit descendre vers la mer car au nord de Pondichery il y a un espace assez vaste inhabité et inculte... Alors cette section industrielle descendra vers la mer et il y aura une espèce de débarcadère (un wharf) et un grand hôtel pour recevoir les gens du dehors... Enfin, au nord, la section

---

[17] Chez Mère dans la nuit du 12 avril au 13 avril 62 le mental et le vital se sont retirés de son corps ne lui laissant que la seule gaine physique. Dès lors ce n'était plus son corps mais « un corps » et celui-ci devait rester quelques années de plus sur terre pour raccourcir le délai nécessaire à la présence manifestée du Supramental. Son corps était devenu agglomérats de vibrations qu'elle perçut comme une espèce de danse, une danse des vibrations. Elle pressentait que ces vibrations n'étaient pas neutres mais descriptibles par le biais d'équations mathématiques et recelaient en outre des qualités (vibration d'amour, de haine de colère, de peur). Elle percevait toutes les couleurs possibles associées par points lumineux sans qu'elles ne fussent mélangées ; la composition d'une cellule vivante lui fut montrée pour illustrer ce qui se passait dans son corps. Or les cellules ont une structure intérieure correspondant à la structure de l'univers ! les cellules très complexes sont lumineuses au centre, un peu moins à la surface... L'état de conscience des cellules entraîna une mutation du corps, organe par organe, ce qui lui causa d'énormes souffrances et peu à peu, Mère construisit son corps supramental... (cf. G. Van Vrekhen, la Mère).

[18] Roger Anger était l'architecte-urbaniste que Mère avait choisi pour construire sa ville nouvelle.

---

culturelle. Là, je vois l'auditorium dont j'ai rêvé depuis longtemps avec salle de concert et grandes orgues et une scène de théâtre avec des coulisses, une scène rotative... Il y aura un studio de cinéma, un glinding club (vol à voile) et un stadium moderne peut-être pour les JO qui sait, douze ans après ceux de 68 qui se dérouleront à Mexico ! Alors pourquoi pas en Inde... Entre ces sections, il y aura les zones intermédiaires pour les services publics, la poste, une gare et si possible un aérodrome[19]. La zone pour l'alimentation serait du côté du lac et comprendrait laiteries, poulaillers, vergers et cultures... Quant à l'organisation financière du projet c'est Nava[20] qui s'en occupe car c'est lui qui reçoit l'argent à travers cette Sri Aurobindo Society qui a acheté des terrains mais chacun paiera son « plot » (sa terre) les usines comme les résidents. Madras nous a promis au nom du gouvernement de nous faire un don (grant) et un prêt (loan) sans intérêt... La plus grosse difficulté c'est l'eau car il n'y a pas de rivières proches ; Louis avait un projet de capter l'eau de l'Himalaya et de lui faire traverser l'Inde ! Ce serait un peu cher... Dessaler l'eau de mer ! Ce serait résoudre le problème... »

Force est de constater que le projet anticipait la réalité avec les 4 zones en galaxie qui existent, l'auditorium, les jardins et le lac. L'idée du Matrimandir se précisa ultérieurement au fur et à mesure de son élaboration. Il est regrettable que les projets de wharf et d'aérodrome n'aient vu le jour. En revanche, la progression lente du peuplement a facilité l'éclosion de la Green Belt, cette ceinture forestière, joyau d'Auroville.

Les principes de Mère

« *Outre l'initiative divine[21], si l'ashram garde son rôle de pionnier, d'inspirateur et de guide, Auroville, quant à elle,*

---

[19] Mère désirait un aérodrome pour avions genre twin otter d'une vingtaine de places reliant Madras à Auroville. Les discussions avec Air India ont tourné court.
[20] Navajata dont le véritable patronyme est Keshav Poddar ; on en reparlera ultérieurement.
[21] Cf. annexe 1B.

reste une tentative de réalisation collective. Auroville sera libre, pas d'armée, pas de police, elles seront remplacées par un bataillon de sauveteurs composé d'athlètes et de gymnastes comme au Japon... »

En février 68, Mère insista sur le manque de sincérité – la nature profonde de l'Homme – qui empêcherait la Force supra-mentale de descendre. Il fallait donc se transformer : « *D'abord le mental qui est une première étape puis les impulsions vitales, ce qui est plus malaisé ensuite chaque cellule de notre corps devra devenir consciente : cela permettra de vaincre la mort... Ce sera l'humanité du futur, peut-être dans des siècles, peut-être plus rapidement. Cela dépendra des peuples, des hommes ; Auroville, c'est le premier pas vers ce but... »*

La terre rouge d'un plateau désert

Tout a commencé avec le banyan. Après l'échec d'un site superbe proche d'Hyderabad promis par Sir Akbar[22], Mère se tourna vers la baie du Bengale à 10 km au nord de Pondichery. Elle s'arrêta en voiture sur le plateau pressenti puis sur une carte désigna le cœur géographique du projet, apparemment au jugé, soit l'unique banyan du plateau prêt à jouer sa partition. Sa vision correspondait à ce plateau au sol rouge cuirassé, typique de l'Inde, quasiment vide, défoncé par deux ravines pompeusement appelées canyons, que l'on rebaptisa ultérieurement « Newcomers » et « Utilité ».

Ainsi le plateau d'Auroville appartient à ces vastes pédiplaines à inselberg, héritières de climats autrefois pluvieux qui se sont progressivement dénudées par défrichements dus aux poussées démographiques en périodes de paix. Néanmoins ces brûlis intempestifs très néfastes aux arbres, avec les cendres récupérées, permettent une meilleure récolte durant un an ou deux.

Les arbres ayant disparu, l'horizon B est alors mis à nu. Cela signifie que la partie la plus meuble du sol, l'horizon A, formé de l'humus dû à la décomposition organique des feuilles, de la roche supérieure désagrégée peu à peu par les racines et par l'acidité de la décomposition, le tout étant brassé par les animaux fouisseurs, a été érodé. Cet horizon A porteur de vie a disparu après les pluies à forte intensité déclenchant une érosion systématique au profit d'un horizon B dit de lessivage qui est compact, massif et qui sous le soleil offre à

---

[22] Mère avait obtenu de Sir Akbar, un administrateur d'Hyderabad, un emplacement idéal dans cet État : une colline isolée assez vaste avec une rivière pérenne serpentant en contre-bas. C'était un terrain inculte mais toute production devait être utilisée sur place. Puis Sir Akbar mourut et le projet tomba à l'eau mais la superficie était plus vaste et elle avait imaginé une ville sans argent avec des changeurs à l'entrée et des petits tramways dans toutes les directions pour amener touristes et pèlerins.

l'œil une croûte ferrugineuse, une cuirasse dure dont « la fertilité est celle de la brique ». Elle ne peut être défoncée qu'à la barre à mine après une pluie afin de dégager un mini-espace et y déposer une graine ou une plantule.

Voilà ce qu'offrait Mère au regard étonné des premiers arrivants qui étaient passés du Parc à charbon[23] aux premières huttes d'Aspiration, site fort bien nommé puisqu'il avait fallu à ces jeunes hommes et femmes une grande aspiration au Divin pour rallier l'Ashram de Pondichery. Puis avant même la pose de la première pierre[24] ils se mirent à planter des arbres et à cultiver sans oublier l'excavation du Matrimandir.

Le paysage actuel

Ainsi en quelques décennies la forêt reprenait ses droits sur un plateau apparemment infertile et déboisé par les paysans pour le chauffage et le brûlis mais aussi auparavant par les coloniaux français et britanniques pour construire navires et cités. Quels furent les facteurs d'une mutation aussi rapide ?

Eh bien, Mère – toujours inspirée – avait vu juste car ce plateau dénudé sous climat semi-aride possède une richesse inestimable qui s'apprécie au fil du temps : l'eau. Car le sous-sol d'Auroville repose sur trois nappes aquifères sur une cinquantaine de kilomètres du littoral vers l'intérieur ; une bande côtière recèle une alternance de grès poreux favorable au stockage de l'eau et des couches argileuses peu perméables pour les fixer. Mère donna vie à la légende d'Irumbai[25] qui évoquait les moqueries du roi et de ses sujets à l'encontre d'un sanyasin, adepte de Shiva, qui aurait lancé une malédiction sur la contrée transformée en désert, la forêt ne pouvant être

---

[23] Parc à charbon : espace littoral où se ravitaillaient les navires jusqu'au début des années cinquante. Les hangars furent transformés en dortoirs et servaient pour les Bengalis se déplaçant pour le darshan de Sri Aurobindo le 15 août. Ils accueillaient pour 3 roupies par jours les pionniers désargentés débarquant à Auroville avec le bouquin de Satprem en guise de viatique.

[24] Il semble que ce soit Walter un collaborateur de Roger Anger qui ait posé la première pierre dans l'excavation mais il n'existe pas de photographie. Une seconde première pierre « officielle » fut posée à la base d'un pilier ultérieurement.

[25] Cf. annexe 2.

---

régénérée que par l'arrivée d'hommes de toutes les régions du monde.

Figure 1 : Une image des paysages types du plateau aurovilien au début des années soixante. Sol nu érodé en « bad lands », cocotiers plus denses en bord de mer, vaches efflanquées. Paysage bucolique mais rude (source : archives d'Auroville).

Un peu de géologie

A la fin de l'ère primaire au Permien alors qu'une intense érosion aplanissait les reliefs accrochés aux boucliers granitiques dénommés Pangée dans l'hémisphère nord et Gondwana au sud, ce dernier, formé des masses granitiques sud-africaines antarctiques, australiennes, arabiques, néo-guinéennes, chinoises méridionales, malgaches et indiennes, se disloquait lentement au Jurassique, il y a 220 millions d'années. La péninsule indienne qui avait « la tête » tournée

Figure 2 : La forêt sempervirente est de retour (photo Jlg 2017)

vers le sud se « retourna »[26] pour migrer lentement vers le nord et il y a 45 millions d'années environ, percuta et s'enfonça sous la plaque tibétaine pour donner naissance à la chaîne himalayenne. Le basculement du bouclier indien vers l'est permit l'accumulation de sédiments depuis le secondaire, alternances de bancs de grès et d'argile qui ont été exhumés très récemment.

---

[26] Phénomène difficile à digérer pour le commun des mortels et seulement admis par la communauté scientifique, par le biais du paléomagnétisme (étude de l'enregistrement du champ magnétique de la Terre dans les roches). Certains minéraux dans les roches contiennent un enregistrement de la direction et de l'intensité du champ magnétique quand ils se forment. Cet enregistrement fournit des informations sur le comportement passé du champ magnétique de la Terre et l'emplacement des plaques tectoniques passées. Motonori Matuyama a démontré que le champ magnétique de la Terre s'est inversé durant les périodes géologiques antérieures. On a pu l'appliquer à l'Inde. Le pléistocène a laissé des traces dans toute la partie centrale de l'Inde. Elles sont riches en minéraux tels que le lignite, le minerai de fer, le manganèse et l'aluminium. Il semblerait que les îles Andaman-et-Nicobar aient été formées par une intense activité volcanique.

Le cycle de l'eau

Il s'agit d'analyser l'ensemble des phénomènes comprenant successivement les pluies annuelles qui s'écoulent sur un sol nu ou sur un couvert forestier, sur une route ou des bâtiments dont une fraction s'évapore, une autre s'infiltre et une dernière partie rejoint la baie du Bengale en contrebas. L'objectif pour un forestier ou un agriculteur c'est que l'eau s'infiltre entièrement dans le sol, que le ruissellement soit limité pour éviter l'évaporation et que rien ou presque ne s'écoule vers la mer. Or la situation en 1968 était désespérante. Sur un horizon A absent ou lessivé, l'eau s'écoulait rapidement en se réchauffant au contact du sol, se chargeait de particules argileuses (du moins ce qu'il en restait) puis sous l'intensité des précipitations se ruait par les canyons vers la baie du Bengale, offrant à l'œil une mer rougeoyante.

Aussi la première étape envisagée par les forestiers fut de replanter et simultanément de retenir l'eau par une succession de talus de l'amont vers l'aval pour chaque bassin-versant, faisant une petite retenue d'eau terminé par un barrage (aneikat) en contrebas. Il y eut de petites erreurs commises, certains se limitant au barrage sans les retenues intermédiaires et leur édifice s'écroulait à la première pluie continue et intense.

L'agriculture est très dépendante de la mousson en ce qui concerne l'irrigation ; c'est le surplus qui remplit les tanks (réservoirs que l'on dénomme aussi erys) et permettra de compléter le niveau d'eau dans les rizières. En effet les précipitations qui touchent la bio-région[27] qui englobe Auroville atteignent en moyenne 1300 mm ce qui est un total non négligeable, malheureusement irrégulier dans le temps.

---

[27] Pondichery, Auroville et les districts de Villapuram et de Cuddalore (PAVC) constituent un district écologique, une bio-région de la côte de Coromandel. Des liens écologiques identiques (l'écosystème qui comprend plages, estuaires, mangroves tanks et marais offrent une forte identité climatique et historique) renforcent leur unité.

Les moussons

Le total pluviométrique se calcule sur le total déversé par les moussons. La mousson d'été, le fameux burst[28] qui se déverse sur les Ghâts du Kérala en juin (plusieurs mètres d'eau), n'offre que des flux appauvris sur la façade orientale de l'Inde mais qui couvrent néanmoins 35 à 40 % du total collecté à Auroville. La seconde série de précipitations, plus abondante (65 % des totaux), correspond à la mousson d'hiver. En octobre-novembre, les masses d'air sibériennes se refroidissent, passent l'Himalaya et s'assèchent par effet de foehn (effet adiabatique), s'échauffent donc rapidement en dévalant dans les plaines du Bangladesh, se gorgent d'eau sur la baie du Bengale (1,6 g de vapeur d'eau par m^3) et arrosent la côte méridionale de l'Inde du sud à partir de Chennai[29]. En définitive, le total des précipitations collectées, bien qu'irrégulières, permet deux récoltes de riz par an par le complément de l'irrigation (tanks et puits). Cependant, il faut tenir compte de l'infiltration et de l'évapotranspiration au niveau des tanks qui sont en perte de vitesse depuis les années 50 (18% du total de l'eau d'irrigation). Ainsi l'eau des nappes (65 % selon Olivia Aubriot, sept. 2014) pompée par les puits fort nombreux depuis les années 70 a permis une irrigation plus régulière.

Les nappes phréatiques

[28] Ces masses d'air proviennent de l'anticyclone des Mascareignes (alizé) de secteur sud-ouest qui en passant l'équateur changent de direction (force de Coriolis) donc de secteur Sud est et frappent de plein fouet les Ghâts de l'Inde occidentale.

[29] En fin de mousson il peut y avoir des tempêtes tropicales que les tamouls dénomment abusivement cyclones. Ainsi celui de décembre 2011 n'a atteint que des vitesses de 140 km/h, vitesse modérée, aisée à comprendre puisque nous sommes en hiver et l'eau de surface du golfe du Bengale ne peut atteindre des températures très élevées, températures qui n'ont rien à voir avec les cyclones qui se déversent sur la Réunion ou Madagascar en fin de saison chaudes (naissance en zone équatoriale, îles de la Sonde) ; alors les vents dépassent nettement les 200 km/h. En revanche ces cyclones d'eau rechargent bien souvent les nappes phréatiques, encore un don du ciel pour la région du Tamil Nadu épargnée par les puissants météores.

Le sous-sol d'Auroville est béni des dieux, il recèle 3 nappes phréatiques sises respectivement à 30, 75 et 300 mètres[30]. On peut dire que la première nappe est épuisée, que la seconde se recharge uniquement par les pluies lorsqu'elles sont abondantes et récupère un peu d'eau que les paysans déversent en abondance en multipliant les puits. Quant à la troisième, elle est présentement surpompée par les agriculteurs de la bio-région donc la pression y est nettement affaiblie. Les grès de Cuddalore et ceux de Vanur sont aquifères et particulièrement intéressants pour alimenter les puits. Les argiles de Maniveli et d'Ottay sont aquitards et ne permettent guère la récupération d'eau. L'état des puits est souvent lamentable ; non tubés, à peine cimentés, ils s'écroulent régulièrement. Aussi les premiers travaux des Auroviliens ont été de réparer les tanks que l'on dénomme aussi erys, souvent avec l'aide de Jehangir Tata qui prêta ses excavatrices. Malgré cette action, le niveau piézométrique mesuré à Katteripuram dans l'aquifère de Vanur est passé de +15 mètres en 1950 à -60 mètres en 2006 (Aude Vincent). Il est donc aisé de comprendre la conséquence d'une telle baisse : l'intrusion saline, puisqu'il n'existe plus de barrières hydrologiques. Si l'interface eau salée/eau douce que l'on appelle le biseau salé – car l'eau de mer étant plus dense, elle s'insinue en biseau sous l'eau douce – progresse, très vite plus de la moitié de la nappe de Vanur sera contaminée par l'eau marine salée. Attention, contaminée ne veut pas dire inutilisable. On considère qu'une eau potable doit avoir moins de 1 g de sel par litre. Pour l'agriculture la tolérance monte à 1,5 g mais les études montrent que sur le bassin de Kaluvelli-Pondichery, la limite 1,5 g par litre forme un triangle non négligeable délimité par Pattanur au sud, Karasur à l'ouest, Vanur au nord et le marais de Kaluvelli. Au cœur du triangle, un cercle concentrique s'étend à partir de Rayaotai avec des chiffres records de 3,5 g de sel/litre. Cependant, on constate qu'Auroville est protégée du biseau salé par l'abondance de la troisième nappe d'eau douce qui freine l'invasion de l'eau salée[31].

[30] Voir la figure 3 élaborée à partir d'un croquis d'Auroville Future Research and Studies, avril 2003, montrant une coupe géologique faisant apparaître des couches de grès, d'argile et de calcaire, et les nappes phréatiques.

Fort curieux, en effet ! Par ailleurs, Aude Vincent aboutit à une conclusion quantitative qui peut s'appliquer à Auroville incluse dans la zone d'étude. Les eaux de surface sur 1000 km² rassemblent 20 % du total soit 250 mm représentant 250 millions de m³ dont 50 millions sont stockés dans les tanks. qui mal entretenus voient 15 % de leurs eaux s'infiltrés, soit 200 millions de m³. Or la population de 1,2 millions d'habitants a un besoin minimum de 17 millions de m³ à moins d'1 g de sel par litre ! Et par ailleurs, l'irrigation consomme le chiffre faramineux de 600 millions de m³ d'eau par an ! Le total consommé est 3 fois plus important que la capacité de recharge des nappes. Des ajustements draconiens s'avéreront bientôt nécessaires.

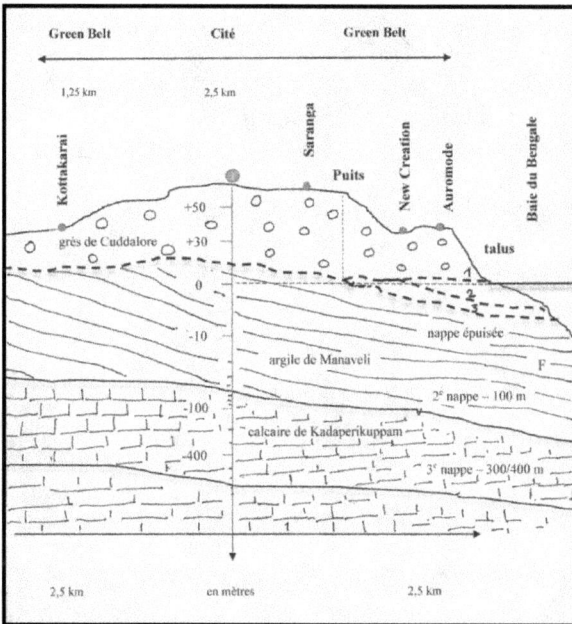

Figure 3 : le plateau d'Auroville (coupe faisant apparaître les couches géologiques de grès, d'argile et de calcaire), d'après Auroville's Future Research and Studies (dans le graphique semi-logarithmique, les

---

[31] C'est le travail acharné des forestiers qui sur un demi-siècle ont modifié les conditions écologiques pour récupérer toutes les précipitations même en cas de pluies de grande intensité et ont pu ainsi faire remonter la nappe phréatique quelquefois à 3 m de la surface du sol. A ceci s'ajoute la troisième nappe aquifère encore bien alimentée.

---

profondeurs sont en mètres (ordonnées), l'axe des abscisses donne la distance en kilomètres).

Evolution de la nappe supérieure :
1. Niveau piézométrique en janvier 1998.
2. Niveau piézométrique en mars 2002.
3. Niveau actuel, c'est-à-dire nappe épuisée alimentée uniquement par des pluies abondantes.

(Conception JL Guébourg, réalisation J. Lee).

Espoirs, conscience et joie : 1968-1974

Tout se fit simultanément. L'installation des premières communautés Promesse et Aspiration, les fondations du Matrimandir dont le concept était clairement défini par Roger et Mère, les plantations d'arbre à la barre à mine, la construction de huttes en terre et de cuisines communes. Les services financiers de la SAS achetèrent 816 ha de terre aux paysans les plus aisés, 90 % de la paysannerie villageoise n'ayant que ses bras pour tout viatique.

Et puis les individualités se répandirent sur le plateau, notamment à Fertile et à Forecomers. A l'extérieur de la Ceinture verte (zone tampon entre la cité et l'extérieur), dans un centre « hors les murs » s'étendait Auromodèle, œuvre de Roger et de son équipe qui multiplièrent les maisons basses de plain-pied où dominait le ferro-ciment facilitant les courbes harmonieuses et élégantes, demeures confortables et bien agencées, toujours recherchées.

Mère évoquait au plus 50 000 habitants à Auroville, soit la taille d'une ville moyenne qui pouvait offrir pratiquement tous les services – même rares[32] – à une population qui pourrait peut-être en quelques années se reconnaître. La première difficulté qui se posa à Mère fut la levée des fonds[33]. Jusqu'à ce jour les dons extérieurs exemptés de taxes sont restés essentiels à la survie d'Auroville. Que ce soit le réseau de mécènes en Inde ou dans le monde, ceci fut indispensable au développement de la ville, car les manufactures et les

---

[32] Le niveau de rareté des services spécialisés (chirurgie, ingeniering) est un critère important de classement urbain.

[33] En 67 Mère écrivait que la ville devait fournir le nécessaire le plus élémentaire. Les industries appartiennent à Auroville et sont assujetties aux lois indiennes. Un Fonds central pour le développement et les activités économiques fut mis en place pour aider les Auroviliens à créer quelques industries sur place ou partout dans le monde en reversant une partie de leur profit au Fonds.

---

commerces ne pouvaient dégager les bénéfices nécessaires aux besoins d'infrastructures.

Mère avait choisi Roger Anger comme architecte principal en lui imposant deux impératifs : un habitat fonctionnel pour le bien-être du groupe et 4 zones distinctes, résidentielle, culturelle, industrielle, internationale. Ceci aboutissait selon Roger à une formule flexible « qui devait évoluer dans son vécu et son génie propre. » Roger souhaitait qu'Auromodèle soit une répétition, un bout d'essai avant son chef d'œuvre urbain et il fit germer les graines de son talent dans les formes, la diversité des matériaux et les techniques de construction comme la première version de Last School (cf. Anoupama Kundoo, p. 128 et s.). Roger désirait construire en continuité une route circulaire à mi-distance de la couronne afin de créer un accès facile au centre et un trafic restreint dans ce cœur de vie pour lui conserver cette allure de cité-jardin. Des bâtiments en « lignes de force » selon son expression auraient facilité la dynamique du plan en spirale initial alliant, grâce à la verticalité, forte densité et faible circulation au sol[34]. Ces voies de circulation seraient des percées de lumière sur patios et jardins suspendus... Mais ce plan assez contraignant impliquait une course contre la montre et un achat de terres, ce que ne fit point Navajata, trop préoccupé par la création de centres auroviliens à l'étranger. Ces acquisitions furent encore plus malaisées après 1973.

L'équipe de Roger planifia une ceinture verte autour de la ville pour en absorber l'impact. Malheureusement le départ de Roger en 1976-77[35] ne laissa ces projets qu'à l'état de concept car il ne suivit point les « radicaux » dans le conflit avec la SAS. Dix ans plus tard, il réapparut avec des plans croquis et des coupes sur le Matrimandir qu'il avait élaborés dans ses bureaux parisiens sans avertir ses collaborateurs auroviliens[36].

---

[34] Encore faut-il que tous acceptent une zone piétonne centrale ainsi que le vélo ou le scooter électrique jusqu'à la route circulaire en couronne.

[35] Se détachant d'Auroville, Roger avait accepté un projet architectural à Coudié–Mouk avec Mutulingam, un architecte allemand.

[36] Un certain malaise s'installa dans son équipe, d'autant que la situation avait évolué car un courant plus écologiste s'était dessiné. Pendant son absence, d'autres architectes plus jeunes, davantage portés sur d'autres matériaux que le béton et abandonnant les principes de la Charte d'Athènes (1933) se sont imposés durant ces

La cité de l'Aurore n'abrite pas une secte !

Mère l'affirme haut et fort dès les premières années. Le 30 janvier 1971, elle demande à Satprem de publier ce texte de Sri Aurobindo à Auroville :

« *Je ne crois pas en la publicité, sauf pour les livres, ni en la propagande, sauf pour la politique et les produits pharmaceutiques. Mais pour le travail sérieux, c'est un poison. Cela signifie un coup de publicité ou de succès ; or, les succès comme les coups publicitaires épuisent ce qu'ils portent sur la crête de leur vague et l'abandonnent sans vie, brisé sur les rivages de nulle part. Ou cela génère un « mouvement ». Le mouvement, dans le cas d'un travail comme le mien, signifie la fondation d'une école ou d'une secte voire quelque autre non-sens. Cela veut dire des centaines ou des milliers de gens inutiles qui viennent se mettre de la partie et corrompre le travail ou le réduire à une farce pompeuse d'où la Vérité qui commençait à descendre se retire dans le secret et le silence. C'est ce qui est arrivé aux « religions », et c'est la raison de leur faillite*[37]. »

Satprem : « Mère m'a demandé d'envoyer à Auroville la citation de Sri Aurobindo ci-jointe. Elle a ajouté :« *Ce passage est très important ; ils ont toutes sortes d'idées fausses concernant la propagande et la publicité. Ce passage doit être recopié en grands caractères, avec écrit en dessous : 'Sri Aurobindo a dit', voici la citation, et envoie-la à Auroville. Tu leur diras que c'est moi qui l'envoie. Avec toute mon amitié.* »

Et Satprem envoya le texte à Auroville.

A Auroville, la phase pionnière se poursuivit avec l'implantation de fermes laitières et de petites unités de pépinières conservées soigneusement à l'abri des chèvres et des intempéries. L'habitat y était fort simple avec des murs de boue, des panneaux de bois et des toits de paille. Quelques

---

dix ans pour donner une direction différente à l'implantation des communautés. Mais le faible accroissement démographique de la cité repoussa jusqu'à nos jours cette guerre larvée mettant face à face deux visions de l'espace totalement opposées. Néanmoins, pour le Matrimandir la vision de Roger était incontournable...

[37] *On Himself*, XXVI, page 375, date du 2/10/1934.

rares concessions en dur se remarquaient dans le paysage aurovilien dénudé... Venaient ensuite les capsules faites en keet à toit de paille et de filaos. Tout était en chantier : les cuisines, les routes en terres ravinées à chaque mousson comme les écoles et les garderies d'enfants.

Car l'éducation restait une préoccupation essentielle de Mère ! A Auroville, Sanjee Aggarwal rappelait que les Auroviliens envoyaient leurs enfants à l'école fondée par Yvonne Artaud[38] dénommée « Egal=1 », sise à Pondichery à la fin des années soixante. Parallèlement dès 1970 une première école[39] dans une grande hutte de keet fut inaugurée à Aspiration par André Morisset et dirigée par Ursula... Un bus venant de Pondy faisait la tournée des communautés, notamment Promesse et Certitude. En 73, l'école comptait 105 enfants de 10 nationalités différentes. Il y avait également un jardin d'enfants à Aspiration et un terrain de sport où se trouvait la communauté Shakti. Selon les principes éducatifs de Mère, on encourageait les enfants à se déplacer d'un centre d'intérêt à un autre selon leur souhait, comme la méthode Freinet en France qui, trop avant-gardiste, ne put être généralisée. On créa également une cuisine dite des enfants à Douceur (à l'emplacement de la boulangerie). Des parents trop pointilleux se plaignirent à Mère du manque de connaissances générales de leurs bambins. Celle-ci fermement leur conseilla de mettre leurs enfants ailleurs car, sans sourciller, elle soutenait l'expérience.

Avant 1974 les relations entre l'Ashram et Auroville étaient conviviales et leur interaction bénéfique. Les artistes ashramites se déplaçaient vers Auroville et par manque de scène adéquate ou d'auditorium, certains artistes amateurs comme Bob et Deborah ou la chorale se produisaient dans les canyons ou sous les tentes improvisées pour les meetings. Quant à l'administration aurovilienne, elle était embryonnaire,

---

[38] Cette école expérimentale passablement contestée a fermée en 74.
[39] Un second exemple est celui de Nata. A la demande de Mère il partit aider les villageois d'Edayanchavadi. Il ouvrit tout d'abord un magasin pour vendre le riz à prix fixe puis creusa un puits pour avoir de l'eau potable ; en juin 73 il fonda Auroshika, une fabrique d'encens qui lui permit d'employer ses voisins ; la condition misérable des enfants du village inspira à Nata l'ouverture d'un jardin d'enfants inauguré en 1974 où chacun était soigné, nourri et habillé proprement.

---

la communauté étant gérée totalement à Pondichery par un bureau prévu à cet effet en face de la Poste de l'Ashram. En 1971, le siège grandit et s'installa dans un complexe face à l'océan puis devint l'emplacement de l'imposante Sri Aurobindo Society. Toute la correspondance passait par Navajata puis Shyam Sunder ou la secrétaire Maggi Lidchi-Grassi, bien qu'officiellement toutes les dépenses dussent être négociées par Mère. Les Auroviliens touchaient leur dû puis se rendaient à Pondichery pour quérir leurs fournitures hebdomadaires. Ainsi une mini-structure bureaucratique bien indienne fonctionnait pour 322 ressortissants.

Les rapports d'Auroville avec les villages contigus avaient toujours été cordiaux, du moins durant les premières années. La cité nouvelle avait le mandat implicite de fournir de l'emploi aux villageois dont la vie était fort difficile : peu d'argent, soumission aux aléas climatiques, sources d'eau à plus de 3 km, corvée incombant aux femmes comme partout en milieu tropical. C'était une des régions les plus arriérées du Tamil Nadu qui avait subi la déforestation inhérente à l'ancien système zamindari[40], ne laissant qu'un paysage désolé. L'entraide était de mise entre Indiens et Auroviliens mais certaines difficultés pouvaient surgir. Par exemple, le partage de l'eau ; les réserves d'eau des Auroviliens étaient appréciées des locaux mais les robinets trop sollicités se brisaient rapidement, vidant les réservoirs et privant toute la communauté du précieux liquide pour plusieurs jours ! Ces premières améliorations déclenchèrent un espoir parmi les populations rurales les plus jeunes et les plus dynamiques. Quelques-uns vendirent leurs terres, répondant ainsi à l'appel

---

[40] Le système zamindari au sud de l'Inde est bien décrit par Adicéam et Dupuis. Le terme vient de zamin, la terre en arabe. Sous l'empire moghol ce n'était que des collecteurs d'impôts qui peu à peu rachetèrent leurs charges puis des terres et usaient du travail forcé envers les paysans. Après l'indépendance, le parti du Congrès supprima ce système mais les zamindars conservèrent leurs terres qu'ils exploitaient mais sans travail forcé. Chefs de village, appartenant aux hautes castes, ils profitèrent des cadastres incomplets élaborés par les colonisateurs pour multiplier les abus, notamment dans l'Etat de Madras où le système était bien installé. Ils vendirent leurs terres par parcelles. Avec la révolution verte ils n'ont plus du tout entretenu les tanks surtout si l'on pouvait les remplacer par des puits comme dans la bio-région étudiée. Leurs héritiers ont gaspillé l'eau des nappes, abaissant le niveau piézométrique à des niveaux records.

de Mère et achetèrent d'autres terres souvent de meilleure facture un peu plus loin. D'autres, moins favorisés, louèrent leurs bras à Auroville comme travailleurs manuels sur le vaste chantier des fondations du Matrimandir ou comme gardiens et watchmen. Normalement, la police ne devrait pas être présente. Récemment, suite à de graves incidents, un poste de police assez discret à l'est de Kuilapalayam contrôle tout un chacun. Les villageois se sont familiarisés avec l'anglais et le fait d'être considérés comme travailleurs à part entière à l'instar des occidentaux, sans le système pesant des castes et des jatis, les ont rendus plus joyeux et mieux disposés envers cette nouvelle communauté. Les enfants tamouls ont profité des programmes éducatifs ou de santé et ont créé des liens rapides entre les familles qui s'approprient de nouveaux savoirs, un nouveau langage, bref, une nouvelle manière de vivre.

Le Matrimandir, le « temple de Mère »

Après avoir repoussé le projet pyramidal de Roger, Mère opta pour un projet plus divin, un globe doré avec une chambre intérieure. Il faut rendre un hommage appuyé aux 400 travailleurs tamouls (payés 6 roupies par mètre cube déblayé) ainsi qu'aux Auroviliens, avec ou sans formation, qui creusèrent à mains nues cette énorme excavation[41] pour déblayer un total de 28 000 mètres cubes de terre.

Roger Anger, de plus en plus isolé après la mort de Mère, refusa la position radicale opposée à la Society ; c'est donc à Piero qu'incomba la responsabilité du gros œuvre. Il choisit comme matériaux le ferralliage, le treillis de béton triangulé plutôt que la structure légère de Roger et les 4 piliers-porteurs furent mis en place par les volontaires de Pondy et d'Auroville. Tous travaillèrent de nuit pour éviter les grosses chaleurs puis de petites équipes se diversifièrent pour des actions spécifiques comme les échafaudages, la taille ou le polissage des granits et des marbres. Peu à peu la structure de l'ouvrage

---

[41] Aidée quelque temps par une pelleteuse JCB selon Dominique Darr. Les photos d'époque rappellent les fourmilières humaines des films de Cecil B. De Mille.

---

se dessinait autour de piliers qui se joignaient au sommet de la sphère à l'anneau de l'unité.

La disparition trop rapide de Mère le 27 novembre 73 fut un choc pour toute la communauté. La présence de Mère aux darshans, les méditations en groupe, les rencontres individuelles les jours d'anniversaire étaient un soutien moral et spirituel à ce premier groupe de jeunes gens qui avaient lu Sri Aurobindo ou Satprem[42] ou seulement avaient eu vent de l'expérience aurovilienne. Beaucoup avaient connu leur premier choc spirituel à travers le regard de Mère[43] ou dans le Parc à charbon, passage obligé pour tout aspirant-ashramite désargenté. Beaucoup ont écrit sur les dernières heures de Mère mais en réalité personne ne s'y attendait. Mère travaillait sur son corps et beaucoup attendaient une mutation spectaculaire, une vie prolongée, peut-être pas l'immortalité mais au moins une transformation !!

---

[42] Si moult Auroviliens de la première vague prirent leur havresac pour Pondy après avoir dévoré *L'Aventure de la Conscience* de Satprem, il n'est pas exclu de penser qu'ils furent guidés...
[43] Cf. *Retournements*, op.cit.

Le temps des luttes et des déconvenues

(1974-1988)

La Rupture avec la SAS

Aussi dès novembre 1973, les forces de pouvoirs et les egos y attenant se déchaînèrent. Un habile dirigeant de la SAS nommé Navajata fut le plus réactif. Il sentait confusément que son heure était venue et désirait prendre le pouvoir sur l'Ashram en lieu et place de Mère et partant, soumettre la communauté d'Auroville, ce regroupement de hippies occidentaux « mangeurs de frites et de biftecks » si loin des valeurs spirituelles indiennes. Pendant une année il y eut une sorte de statu quo. En 1974, la seconde caravane d'Européens arriva et les Français plus remuants formèrent un groupe de 150 individus à Aspiration ; ils constatèrent avec discernement que la Society et notamment Navajata avaient dilapidé les dons qui affluaient sous l'égide de Mère. Il fallait désormais rembourser une dette qui s'était accumulée à la State Bank of India. Celle-ci exigeait de prélever 50 % des fonds qui passaient par Auroville et la SAS, c'est-à-dire que la moitié de l'argent collecté par Auroville devait rembourser cette dette contractée depuis 1968 ! Les Auroviliens décidèrent de réagir. La première action fut d'enregistrer une société d'Auroville le 4 novembre 1975[44] pouvant collecter des fonds propres permettant de développer une nouvelle organisation interne. Le 9 se tenait le premier meeting sous le Banyan et durant toute l'année 1976 on compta un, quelquefois deux meetings par semaine. S'imposa ainsi l'idée d'une reprise en main administrative de la cité par tous les Auroviliens. La tension s'amplifia d'autant plus rapidement que le 2 décembre 1975, la

[44] La source essentielle – outre les souvenirs diffus des pionniers – est un article d'Alain Bernard dans la *Revue d'Auroville* n° 45, décembre 2017.

SAS soumit une déclaration sous serment au tribunal de Pondichery pour obtenir une injonction contre l'Auroville Society[45]. Il ressortait clairement de cette décision que les Auroviliens n'étaient plus considérés « comme des frères venus du monde entier pour répondre à l'appel de Mère mais comme des employés à leur service » (Alain B.). Les Auroviliens en furent profondément meurtris.

Début 1976, un responsable de l'Ashram, Counouma, s'inquiétait de la mauvaise publicité que générait ce conflit grandissant. Aussi Navajata vint deux fois aux meetings dans un souci d'apaisement et demanda à occuper une hutte à Aspiration, la plus grande communauté de l'époque, pour mieux capter l'esprit Auroville. Durant cette courte lune de miel, Navajata accepta que « Pour Tous »[46] ouvre un compte et couvre le paiement des maintenances qui s'élevaient à l'époque à 135 roupies. La maintenance est un viatique mensuel versé à chaque Aurovilien pour ses besoins matériels. Elle ne fut allouée qu'une seule fois et Navajata ne revint jamais dans sa vaste hutte offerte généreusement par les résidents pourtant à l'étroit avec les nouveaux arrivants.

L'expulsion de ressortissants américains

Début février 1976, la communauté aurovilienne fut scandalisée d'apprendre les expulsions de Francis et de Savitra, de nationalité nord-américaine, accusés de collusion avec la CIA[47]. Une pétition signée par la majorité des résidents

---

[45] Cf. Alain Bernard : « Comment est née la loi de la fondation d'Auroville », 2010 : « Au sens légal, Auroville est un projet qui fait partie intégrante de la SAS et qui inclut toutes les terres, biens et bâtiments, équipements dans l'ensemble connu sous le nom d'Auroville ; la charte d'Auroville est un document spirituel qu'il est inapproprié de citer dans un document légal ; tous les terrains, équipements appartiennent à la SAS et personne ne peut prétendre avoir un titre quelconque à ces propriétés ou être en droit de les gérer. Les défendeurs n'ont pas le droit d'avoir des activités à Auroville, celle-ci est la propriété de la SAS, l'expression vague « Auroviliens » n'a nulle place dans les documents légaux. »

[46] Pour Tous : coopérative alimentaire (cf. p. 53).

[47] Il semblerait qu'en 1975, la SAS voulut brutalement soumettre les Auroviliens occidentaux en accordant uniquement le précieux visa contre une lettre de soumission de chaque impétrant. Grand émoi dans les huttes d'Aspiration !! Meetings, palabres et émergence du groupe « Pour Tous » dont le noyau était formé de Français contestataires d'Aspiration.

---

dont Yusuf, un Indien musulman, rendit furieux Navajata. Sur le terrain, les récoltes des anacardiers et des manguiers dont s'occupaient certains Auroviliens furent données en contrat à des villageois, créant de ce fait une tension palpable avec les villages périphériques. Fin février, les Auroviliens n'ayant reçu aucune maintenance le « Pour Tous Funds » – que Navajata promettait de briser – étant déficitaire, il fut décidé de demander une aide ponctuelle à toutes les associations étrangères, aide qui fut grandement suivie. Ajoutons à cela l'apport volontaire des maigres économies des Auroviliens solidaires dans l'adversité et le petit coffre-fort d'Alain B. se retrouva selon sa jolie formule « bourré de l'enthousiasme aurovilien. »

Alors, deux tendances se dessinèrent. L'une, radicale autour de Satprem toujours dans le rôle du chevalier blanc, l'autre informelle autour d'un « groupe spirituel » plus conservateur que l'on dénommera ultérieurement « Neutres ». Ces derniers, plus pragmatiques, refusèrent de prendre parti et acceptèrent la tutelle de la SAS qui, selon leur point de vue, avait en charge le projet de Mère et détenait l'essentiel des terres ainsi que le levier financier.

L'incident qui déclencha l'affrontement fut l'occupation de la hutte non utilisée de Navajata par des Auroviliens devenus plus nombreux après l'arrivée de la seconde caravane. La réaction fut brutale et l'individu spolié convoqua la police ; la première fois les policiers débarquèrent à Aspiration avec une liste de 8 noms. Ce fut un Indien du nord qui les désigna mais ils furent rapidement élargis. Un peu plus tard, l'affrontement majeur se poursuivit sous le banyan, lieu de rassemblement où plusieurs dizaines d'Auroviliens[48] furent engeôlés pour quelques jours à Vilapuram. L'incident eut davantage d'échos, démontrant que Navajata n'avait guère de sens politique. Très vite alertée par les ambassades et consulats, Indira Gandhi qui connaissait personnellement Mère s'alarma et demanda la libération des prévenus. En 77, Indira perdit les élections et le pouvoir au profit d'un vieux

[48] Tous les romans sur Auroville racontent avec moult détails cet emprisonnement d'opérette. Ce fut pour beaucoup leur mai 68 avec un effet-retard. D'où l'argument essentiel des Neutres les traitant « d'immatures ».

Congressiste Morarji-Desaï qui révéla le véritable patronyme de Navajata, connu des services de police de Bombay sous le nom de Keshav Poddar et réfugié à... Pondichery. Les Auroviliens rencontrèrent en septembre 77 ce Premier Ministre débonnaire qui promit de protéger Auroville contre la SAS.

Entre 77 et le début des années 80, ce fut une grande période de souffrances pour la petite communauté car les plantations vivrières produisaient peu et « Pour Tous » offrait une maigre pitance dans ses « baskets », les cluster-beans, haricots fort médiocres – mais qui ont l'avantage de pousser vite – faisant office de rutabaga local, bien connu des parents de nos pionniers durant les restrictions de la Seconde guerre mondiale...

Aussi, face à un conflit qui s'éternisait, multipliait les querelles et occupait toutes les conversations journalières, beaucoup rentrèrent dans leur foyer d'origine. Entre fin 1977 et fin 1979, Auroville perdit une centaine d'individus déprimés par le déroulement peu favorable du procès, passant d'un total de 509 à 404 habitants, enfants et nouveaux arrivants compris, soit 1/5 de l'effectif (cf. H. et M. Thomas, 2008). Les départs furent compensés par un flux de newcomers indiens. Ceux qui vaillamment restèrent, souffrirent souvent dans la solitude mais s'épanouirent aussi dans le partage.

A la fin des années soixante-dix, on comptait environ une vingtaine de communautés dans la cité : Promesse, Aspiration, Forecomers, Udavi, Auroson's Home, Auro Beach, Far Beach, Hope, Auromodèle, Auro-Orchard, Matrimandir, Nursery, Centre Field, Utility, Kottakarai, Fraternity, Fertile, Two Banyans, Nine Palms, Aurogreen et Sharnga[49]. Beaucoup suivirent la ligne de puits d'Auromodèle à Kottakaraï. Durant cette période trouble, l'art et la culture édifièrent un solide ancrage pour l'identité collective. Sous la houlette du Français Croquette, une troupe de théâtre vit le jour à Aspiration et détourna quelques temps les Auroviliens de leurs soucis quotidiens alors que la Last School (première formule) sise à Aspiration offrait quelques expositions artistiques,

---

[49] Cf. croquis d'Auroville, annexe 6.

notamment dans le domaine pictural. Mais le déficit budgétaire persista.

Puis madame Gandhi fut réélue en janvier 1980 et son cabinet prépara une ordonnance[50] en faveur d'Auroville, The Auroville Emergency Provisions Act 1980 (acte de contrôle temporaire d'Auroville) qui autorisait deux administrateurs gouvernementaux à prendre le relais de la SAS. Affaire classée ? Que nenni ! La Society contre-attaqua au tribunal de Calcutta dès 1982, trahissant l'esprit de Mère en décrétant sans vergogne que ses écrits comme ceux de Sri Aurobindo « étaient de caractère religieux », domaine dans lequel le gouvernement ne pouvait interférer !

Ce procès SAS contre gouvernement était mal engagé car la Society avait des fonds et un excellent avocat, Soli Sorabjee, alors qu'en face Kireet Joshi qui avait la charge du procès en sus de son service au ministère de l'Education ne pouvait lui opposer que l'avocat général, un certain Parasaran, moins brillant. Néanmoins, Kireet, inspiré – peut-être par Mère –, souffla cette formule à Parasaran qui – tout ego aplani – la ressortit in extenso : « *Philosophie, religion et yoga cherchent tous Dieu. Mais la méthode de la philosophie est le raisonnement alors que celle de la religion est faite de credo et de rituels cérémoniels. Le principe du Triple Yoga est d'obtenir un changement de conscience...* » Alors ! Retournement ! Kireet fut entendu car le Chief Justice, membre éminent de la cour ; suite à cette intervention, il acquiesça et opina du chef et malgré les craintes d'Indira, le procès fut gagné et la prise de contrôle justifiée en 1982 : « Peu à peu l'intégralité des propriétés de la SAS à Auroville furent réaffectées aux Auroviliens. »[51] Quelques années d'accalmie permirent à ces derniers de souffler un peu et de revenir à des actions plus concrètes comme la nourriture ou le logement.

---

[50] Le gouvernement d'Indira Gandhi choisit l'ordonnance car la SAS avait de nombreux soutiens parmi les députés et si l'on faisait passer une loi sur Auroville devant une telle chambre, il y aurait de nombreux amendements et l'on n'aboutirait jamais au résultat souhaité.

[51] Alain Bernard, op. cit.

Nouvelle approche de la société aurovilienne au milieu des années 80, fin du conflit avec la SAS

Plusieurs systèmes furent envisagés afin de réduire les déficits, notamment celui dit « des enveloppes ». Ce système des enveloppes était un système plus réaliste de partage et prévoyait la réduction des déficits de « Pour tous ». Donc les donateurs et les résidents finançant les unités auroviliennes sises à l'étranger pouvaient affecter leur fonds par le biais des enveloppes à des unités spécifiques de leur choix : coopérative alimentaire, coopérative de lait, cash-food, maintenance de la communauté, services-enfants, travail écologique, Matrimandir, voire non spécifié. Ce système fonctionna de fin 1978 jusqu'en 1983 puis, faute de contributeurs, il disparut brutalement.

En 1984, pour résorber définitivement les déficits, un *changement de concept économique* fut envisagé par les responsables auroviliens. Les maintenances ne furent plus attribuées systématiquement à chacun mais seulement en fonction d'un travail répertorié et effectif. Un visiteur passablement ironique aurait lâché lors de ce changement : « Tiens ! Les Auroviliens se sont mis au travail ! »

Heureusement, la fin du conflit avec la SAS se dessinait et le vote d'une loi gouvernementale impliqua davantage Delhi dans la bonne marche d'Auroville, dégageant une ligne de crédit en faveur de l'éducation et de l'amélioration de l'habitat individuel. Les Auroviliens, retrouvant leur bonne humeur, abandonnèrent leurs capsules en keet pour des cases en dur plus confortables. C'est durant cette période qu'André Hababou se multiplia en créant Surrender, densifia Auromodèle tout en dessinant pour Auromode – dont il avait acquis avec sa compagne Prema, excellente gérante, l'emplacement et les baraquements en épongeant les dettes du précédent steward – des créations vestimentaires appréciées des boutiques germaniques. Les peintures sur soie, les lignes de vêtements de Prema, les foulards se négociaient fort bien par deux boutiques Kalki, l'une à Pondichery l'autre à Visitors Centre ; l'atelier était prospère avec près de 200 tailleurs.

André créa une technique innovante remarquable dans la peinture sur soie mate en dessinant ses motifs et en les limitant par une colle spéciale qui pouvait contenir la couleur réalisée au pinceau. Il les reproduisait par sérigraphie puis les séchait en étuve, surtout en saison de mousson. Il fut durant cette période avec Maroma l'un de plus gros contributeurs au Fonds d'Auroville. Quand la conjoncture fut moins favorable avec l'appréciation de la roupie par rapport au mark et la hausse du coût de la soie, les Allemands se retirèrent et il fallut réduire la voilure. Le savoir-faire d'André se révéla précieux. Il sut transformer une partie des ateliers en 37 appartements bien équipés avec générateur pour suppléer aux pannes de courant. Un château d'eau assure la pression au dernier étage des appartements avec vue sur la canopée. L'association assez heureuse industrie/hébergement touristique fait d'Auromode une unité touristico-industrielle singulière.

Après les jardins d'enfants initialisés par Nata, un foyer pour enfants fut construit[52] en 1983 et l'année suivante, cette cohérence pédagogique facilita la demande de subventions gouvernementales à la S.A.I.I.E.R (Sri Aurobindo International Institute of Educational Research) pilotée par le précieux Kireet Joshi, professeur des universités, toujours impliqué dans le domaine éducatif et qui donna un second souffle à l'éducation. On expérimenta plusieurs systèmes éducatifs. Ainsi l'école Centre Field, bâtiment remarquable, abritait une école maternelle ; Transition School ouvrait en 1984 et devint l'école primaire et le collège majeur d'Auroville. L'ancien collège puis lycée à Aspiration datant des années 1970 se divisa en deux branches : le CFL (Centre for Further Learning/Centre pour un enseignement approfondi) qui suit un programme structuré, en lien avec Transition et la Last School, école consacrée à une progression libre, elle-même divisée en 3 niveaux dénommés prose, oxymore et idiome.

Dans le village de Kuilapalayam, la majeure partie des enfants tamouls étaient scolarisés à Aikiyam School (New Creation) ; les installations d'Udavi School dans le village d'Edayanchavadi furent améliorées. A cette date, de nouvelles

---

[52] Nata décéda début 1985 mais Maggi Lidchi-Grassi prit en charge l'école et, avec Guy et Anuben, la mena jusqu'au secondaire.

communautés apparurent comme Aurodam, Djaima, Amba Garden, Révélation, Dana, Samrihi, Meadow (Prairie), Fertile, Windmill, Discipline, Acceptance, Douceur, Aroami et Horizon. La proximité des villages ne laissa qu'un rayon maximum de 2,5 km pour la cité et la ceinture verte, ce qui offrait une superficie maximale de 19,3 km^2.

Force est de constater un indéniable développement d'ensemble à la fin des années 80.

Dans la ville, dans le secteur nord dit « industriel », quelques individualités ressortaient.

En tête du peloton, une société pionnière dans l'électronique, Aurelec Data Processing Systems, employant un certain nombre d'Auroviliens, s'éloigna des standards économiques habituels et versa des salaires confortables à ses employés au lieu des maintenances habituelles souvent insuffisantes pour couvrir les besoins de base. C'était le premier exemple de passage d'une unité rentable vers l'individualisme et le salaire mensuel direct ! Cette société essaima en deux unités sises à Pondichery, Nexus Computers et Shuttle Technology, basées dans les locaux d'Aurelec. La vente de Shuttle Tec. à une société américaine fournit suffisamment de fonds pour fonder une « porte ouverte » (gateway fund) permettant de financer quelques projets auroviliens les années suivantes.

Cet enrichissement indéniable d'ensemble − bien que moins fraternel − se traduisit immédiatement par une nette amélioration du cadre de vie et notamment du logement. Le Work Tree (*Acacia Auriculiformis*) faisant merveille, les espèces nobles revinrent lentement en trois strates genre ébéniers et taillis sempervirents ; la forêt se diversifia grâce aux barrages et les gros animaux revinrent dans les zones sanctuarisées hyper-protégées pour la reproduction. Le dôme bétonné du Matrimandir draina les curieux, notamment les Pondichériens excédés par les klaxons de la semaine. Les motos remplacèrent (malheureusement) les vélocipèdes, symboles d'égalité et de calme. Certes, les Auroviliens de la première heure regrettaient l'abandon de l'idéal fraternel de la cité et l'absence de vie collective même si les palabres de la phase active contre la SAS en avaient dégoûté plus d'un.

Mais la Society ne lâchait rien et intrigua de nouveau à partir de 1986 pour annuler le renouvellement annuel de l'ordonnance qui était prévue au départ pour cinq ans (1980-85) et qui devait se proroger durant deux ans (1986-87). Les juristes de la SAS demandèrent un dédommagement pour les biens « cédés » par la Society, soit 200 lakhs (2 crores), environ 20 millions de roupies, inacceptables pour le gouvernement indien. Cependant la partie adverse fit remarquer que ces terres avaient été données à Mère par le biais de donations donc en aucun cas ne relevaient de la Society ! Alors que faire ? D'autant plus que Kireet n'avait pu conserver lui-même la charge du lourd dossier aurovilien !

La loi du miracle ou la double décade[53] prodigieuse

La situation se dégrada entre 1987 et 88. Certains « Neutres » se plaignirent au ministre Narasimha Rao[54] ; par ailleurs Veera Raghavan, haut fonctionnaire en charge du dossier aurovilien, tomba très vite sous l'influence de la SAS. Pourtant le gouvernement de Rajeev Gandhi lui signifia qu'une loi devait être promulguée pour Auroville et qu'il devait préparer le projet mais il l'enterra entre avril et août. Heureusement, l'administrateur en charge d'Auroville, Baldev Mahajan, secoua tout le monde à Auroville[55]. Aussi le 17 août 88, Krishna, Frederick et Alain se rendirent à Delhi pour passer les 3 semaines les plus prodigieuses de leur existence.

D'abord, il y eut la rencontre avec le premier ministre Rajeev Gandhi qui leur assura son soutien franc et massif. Puis le 18 août Veera Raghavan se décida enfin à produire un projet de loi et l'exigea pour le 20 août par le biais de B. Mahajan ! Kireet accepta et travailla deux nuits durant car il avait déjà le texte en tête. Le 22 août, le projet de loi était prêt mais Veera Raghavan, allié de la Society, modifia le contenu en laissant

---

[53] « Décade » en français signifie 10 jours, et « décennie », 10 ans (alors qu'en anglais, 10 ans se traduit par « decade »).
[54] Il sera Premier ministre en juin 1991.
[55] « Vous dormez ou quoi ! »

une clause « consultatoire » favorable à celle-ci dans la future loi. Cette clause apparemment bénigne redonnait selon Kireet la direction d'Auroville à la SAS ! En fait, un seul homme pouvait intervenir : Jehangir Tata qui, en pestant comme de coutume, arriva le soir du 28 août, rencontra les ministres en charge et dicta les modifications[56] à Raghavan. Il fallut encore l'intervention du Premier ministre R. Gandhi – fidèle à l'esprit de sa mère envers Auroville – pour écarter définitivement la SAS. Le 1er septembre, la loi fut votée par la Chambre haute, le Rajya Sabha et, malgré un délai trop court, fut adoptée à l'unanimité par la Chambre basse !! Curieusement, pour évoquer les incidents[57] d'Uttar Pradesch, tous les députés étaient présents et votèrent dans un grand « YAA » la loi pour Auroville ! Et les témoins (Alain Bernard et Fréderick) de conclure, surpris, que c'était une belle maya de Mère !

Cette loi fonctionne bon an mal an depuis 30 ans et comme l'amender comporte des risques, la vox populi préfère s'abstenir. Ce que l'on peut conclure de cette aventure à rebondissements, c'est que les Auroviliens furent obligés de se prendre en main et sans cette loi, qui sait si les petits panchayats locaux auraient pu interférer et se servir... Cette loi exceptionnelle écrite et votée en 16 jours entre le 20 août et le 5 septembre 1988, dernier jour de la session parlementaire, démontre une fois de plus le rôle des forces positives dans cet épisode si crucial de l'histoire d'Auroville.

En 1988, la loi Auroville Foundation Act fut adoptée, ce qui signifiait que la propriété ainsi que toutes décisions concernant activités et biens étaient remises à la Fondation d'Auroville, corps autonome soumis à trois pouvoirs, un conseil de gestion, un conseil consultatif et l'assemblée des résidents. Ajoutons qu'avec le temps le comité des finances et celui gérant les fonds et les biens garantissant l'essentiel du

---

[56] Il semble que V. Raghavan désirait se faire embaucher par la firme Tata et qu'il respectait son Boss.

[57] En août 1988, quelques députés des Etats furent molestés par la police : énorme scandale et boycott de l'opposition au Parlement. Avec l'absence de l'opposition, les lois furent votées à un rythme effréné. La loi d'Auroville attendait : Mamata Banerjee, une députée un tantinet nerveuse, fit passer un mot à l'orateur, un ministre bengali trop bavard, l'obligeant à s'arrêter pour que la loi sur Auroville soit enfin examinée.

bon fonctionnement avaient rassemblé entre leurs mains l'essentiel des pouvoirs. Le gouvernement indien sut se faire discret – du moins jusqu'à aujourd'hui – et laissa un maximum de liberté aux résidents pour qu'ils puissent poursuivre sereinement les idéaux de la cité.

1988-2017 :

vers une nouvelle problématique ?

La décennie 1990 vit s'épanouir de nouveaux acteurs qui modifièrent les orientations économiques de la cité.

La fin des années 1980 vit fleurir moult séminaires et enquêtes sur la population et l'économie d'Auroville. Ces travaux quantitatifs se doublèrent d'analyses qualitatives sur le travail quotidien, le niveau des maintenances, la durée des horaires de travail. Tout fut informatisé et regroupé à Town Hall au début du troisième millénaire.

Un texte d'Otto résume clairement la situation :

« *A la fin des années 80, « Pour Tous », le centre de distribution de nourriture d'Auroville, était informatisé et chaque famille disposait d'un compte pour déposer des fonds pour les dépenses de nourritures. Simultanément, un bureau à Bharat Nivas distribuait les allocations de maintenance mensuelles aux Auroviliens. En 1991, les deux bureaux fusionnèrent et les « allocations » furent réparties via le compte « Pour Tous ». Les financiers encouragèrent les Auroviliens à nourrir leur compte par une légère avance pour éviter les découverts et créer un fonds de maintenance tel qu'il existe à ce jour. Ce fonds alourdi par les cercles expérimentaux ainsi que les comptes en espèces et en nature permirent au centre financier de dégager deux types de comptes : le premier, un compte « cash » nominal et un autre en nature (kind) certes à son nom mais utilisable dans tous les équipements.* » (Th. et M. Henk).

Il est bon de remarquer que ce système recentre Auroville vers son idéal d'origine associant les deux piliers de développement de la cité, l'individuel et le fraternel[58]. Ensuite il faut aborder les services dont aucune ville au monde ne se soucie véritablement puisque ce sont des services régaliens incombant à l'Etat central. Mais ici point d'Etat, juste une tutelle pour l'éducation, la santé et la culture jusqu'ici gratuite mais que l'on doit cependant inclure dans un budget global, l'objectif ultime étant, à long terme, d'atteindre une économie auto-suffisante où la circulation d'argent serait bannie. On réduit les financements concernant l'éducation. Future School se maintient mais Last School dont les objectifs pourtant se rapprochent davantage des principes éducatifs de Mère n'a pu satisfaire tous les résidents notamment francophones qui sont contraints d'envoyer leurs rejetons à Pondichery ou à l'école internationale de Kodaikanal dans le but d'obtenir un baccalauréat qui ouvre aux études supérieures. Malgré ces écueils, grâce à une gestion informatisée et simplifiée, les résidents ont eu le sentiment de reconquérir leurs idéaux de 1968 : l'utopie aurait-elle été vaincue par la résolution des réalités comptables ? La cité-laboratoire de Mère tenait le cap !!

Mais cette mini-révolution se fit dans un contexte général économique peu favorable face à une économie indienne concurrentielle en plein essor qui produisait beaucoup, baissait ses coûts et intégrait toutes les facilités d'une économie en voie de modernisation. Certes, le fonds central augmentait considérablement en taille comme en recettes et reflétait l'expansion générale mais ce n'était point suffisant. Aussi, dès 1989, le groupe « Mission économique » demanda à chaque Aurovilien une contribution – différente de l'impôt ! – mensuelle et volontaire de 200 roupies par mois (aujourd'hui 3200 Roupies mais la maintenance est de 15 000 roupies mensuelles en moyenne). L'augmentation des dépenses du fonds central passa de 10 lakhs en 1990 à 27 lakhs en 2008 pour atteindre aujourd'hui un chiffre supérieur à plusieurs crores[59] en fonction de la saison touristique.

---

[58] Fin 1988, un séminaire « Economie d'Auroville » approuva cette orientation.
[59] Car dans les villages adjacents depuis 1991, de nombreuses unités nourrissaient 700 Auroviliens ou Newcomers qui vivaient en autarcie immergés dans les villages et qu'il fallait soutenir financièrement.

Les cercles et le PTDC

Les cercles devaient faire revivre ce pot commun, cette solidarité des débuts en créant des sous-groupes de 50 Auroviliens qui partageraient leurs revenus collectifs acceptant des dépenses différentielles dans les dépenses quotidiennes individuelles. On espérait 30 cercles, il y en eut 12 et il en reste 2 établissant leur lien dans le fonds de santé, notamment dentaire et l'alimentation « Pour Tous ».

Le Pour Tous Distribution Center (PTDC) a vu le jour en 2006. C'est un autre pas vers l'esprit d'origine. Situé près de Solar Kitchen[60], le PTDC est une coopérative où les membres transfèrent tous les mois une part de leur maintenance au compte commun du centre. Les articles ne sont pas étiquetés et aucune facture n'est émise à la sortie. L'accent est mis sur le principe « d'acheter ce dont on a besoin » et non sur « combien je peux dépenser », ce qui prête à confusion. L'année suivante, un meeting entérinait la performance et intégrait davantage d'adhérents. L'ancien « Pour Tous » d'Aspiration[61] est fréquenté par les visiteurs munis d'aurocards, écartés du PTDC et qui sont obligés de se déplacer jusqu'à Kuilapalayam pour y faire leurs courses. Ce premier P.T. est devenu un « Pour Tous Purchasing Service », un acheteur en gros mais en fait reste un détaillant qui affiche ses prix et s'écarte de la philosophie aurovilienne.

En 2017, 225 entreprises sur 250 ont contribué au Fonds d'Auroville, auxquelles s'ajoutent une soixantaine de guesthouses et une trentaine de home-stays[62]. Parmi cet ensemble se démarquent quelques unités qui allient efficacité économique, créativité et ce diptyque

---

[60] Une cuisine à four solaire fondée en 2006 et qui sert plus de 1500 repas par jour. Certains remettent en cause le fonctionnement réel à l'énergie solaire ; en fait il semble que le bol solaire n'ait un véritable rendement qu'après 15 heures obligeant l'usage du gaz pour les repas de midi. Rappelons qu'il ne fonctionne pas le soir.

[61] On observe depuis quelques années, en fait depuis l'ouverture de Town Hall (2002), un regroupement des services et des commerces au centre de la cité. Les Auroviliens des premières caravanes se sont regroupés à Citadines et maintenant à Sunship pour densifier le cœur de la ville en attendant d'autres projets.

[62] Home-stay : cf. glossaire.

recherche/développement (R/D) que toute entreprise désire intégrer à son image. Trois sont au cœur de la recherche : Aqua Dyn, Maroma, SaraCon.

Aqua Dyn est un des plus beaux exemples d'entreprise R/D d'Auroville.

En 1995, quelques Auroviliens réfléchirent sur la dynamisation de l'eau potable. Bhagwandas en 1998 relança un second projet Aqua Dyn avec pour objectif d'offrir à Auroville et aux villages périphériques un certain nombre de purificateurs d'eau. Aqua Dyn essaya de vendre de l'eau en bouteilles et fut stoppée par la concurrence de grandes entreprises mieux dotées. Bhagwandas poursuit sa recherche et adhère aux théories controversées de Marcel Violet (1886-1973), de Benvéniste sur la mémoire de l'eau, porteuse d'informations ; un texte de Jacques Collin, « L'eau le miracle oublié », le relance dans sa recherche sur cette eau qui est le disque dur du vivant. A cet égard, on attribue au Nobel de chimie A. Szent-Gyorgyia cette jolie formule : « L'eau, c'est la vie dansant sur la mélodie des solides. » Les travaux de Benveniste et de son bras droit Jamal ont démontré que les liens qui unissent les molécules d'hydrogène et d'oxygène transformant l'eau d'un état gazeux à un état liquide sont encore mystérieux et relèvent de la physique quantique. On passe ici dans le monde de l'énergie vibratoire qui n'a pas encore livré tous ses secrets. L'eau d'Aqua Dyn est non seulement excellente mais c'est aussi une eau dynamisée qui guérit. En effet, selon Jamal, pour toute maladie il existe un phénomène de déséquilibre vibratoire. Il suffit de le rétablir et si nous découvrons la vibration qui nous correspond – chacun a la sienne comme les empreintes digitales – la médication allopathique deviendra inutile car l'eau rétablira le déséquilibre vibratoire passager qui nous affaiblit[63]. Peut-être

---

[63] Le professeur Montagnier, prix Nobel de médecine, travaille également sur la mémoire de l'eau et affirme qu'il existe un effet tout à fait détectable de la diminution de la virulence des maladies chroniques ou maladies dites de civilisation comme le sida, l'autisme ou la maladie de Lyme non traitable à ce jour.

qu'un peu de conscience serait-il nécessaire pour le fonctionnement idéal du processus ?

Bhagwandas a installé des purificateurs d'eau dynamisée dans la cité puis parmi les centres de réfugiés tibétains à Mysore, Bodhgaya et Dharamsala. Il a créé une fontaine, c'est-à-dire un filtre à eau pour la maison, l'a vendu en Inde, à l'étranger et notamment en Chine. Il a obtenu un brevet indien en 2015 et emploie une vingtaine de personnes à Aspiration.

Maroma

C'est déjà une « vieille » entreprise mais reste une belle unité commerciale de la cité. En 1976, quelques pionniers décidèrent de fabriquer de l'encens dans une humble hutte à Aspiration. Un arbre existe toujours, témoin muet des débuts de l'artisanat aurovilien. Puis lorsque la technique de l'encens fut maitrisée, ils développèrent une variété d'articles, boîtes et sacs en tissus, porte-encens, bougies parfumées. Paul Pinthon, chercheur passionné rejoint en 1984 par Laura Reddy, créa le concept Maroma, synthèse d'aroma et de Mère. Au début du troisième millénaire, Maroma se diversifia dans les produits de soins corporels de qualité comme les shampoings et savonnettes puis dans une gamme de soins en aromathérapie et une ligne de produits répulsifs anti-insectes Colibri. Devenue R/D cette firme se défendit vaillamment dans l'innovation permanente, facteur dont dépend cette réussite dans un environnement changeant et volatil. Avec sa centaine d'employés, Maroma était la pierre angulaire qui alimentait le Fonds central d'Auroville à hauteur de 30 à 40 % ; aujourd'hui sa contribution est moindre.

Auromode est dans une situation identique à Maroma. Largement en tête dans les années 1990 en ce qui concerne la contribution au fonds central avec ses guest-houses et Kalki, l'unité a été reléguée en milieu de peloton des entreprises et cherche un second souffle dans le secteur de la créativité. Mais bénéficiant d'un espace important, André et Louis depuis 2015 ont transformé peu à peu une partie de l'atelier : le rez-de-chaussée s'est reconverti en salles de massage, de yoga, en espaces pour artisanat (workshops). S'y est rajoutée récemment une unité de vente To be two.

SaraCon (Saraswati Consciousness)

C'est une unité chargée d'insuffler des idées nouvelles dans une atmosphère agréable par un ancien spécialiste californien high tech, Chandresh Patel. Informelle depuis 2000, cette société uniquement R/D fut fondée officiellement en 2006. Cet incubateur d'idées naissantes s'est engagé à sélectionner-celles qui possèdent un certain potentiel pour des projets communautaires ou des transformations d'échoppes artisanales en micro-entreprises... Une des premières actions a été l'achat de bus bon marché pour favoriser les transports en commun non polluants aux dépens des voitures et motos habituels et assurer une ligne régulière vers Pondichery. Ensuite un pool d'étudiants planche sur un tricycle puis un rickshaw électrique. Dès 2000, une plate-forme offre des services de traduction aux entreprises commerciales dans et hors d'Auroville. Des logiciels pour le partage de taxis, un portail répertoriant tous les fabricants fiables de deux roues, la mise en ligne d'une galerie d'art pour les artistes locaux sont devenus des outils indispensables aux usagers. A quand le logiciel-vocal-traducteur-personnel-anglais-français-tamoul-allemand-coréen-croate-tchéchène qui traduirait instantanément nos conversations vers la langue de l'interlocuteur avec une voix suave en appuyant sur un crypto-bouton caché dans une poche intérieure ? Dans le sillage de SaraCon, de nouvelles unités rurales modèles comme Wellpaper[64] sont nées ; Aurelio a lancé une fabrique d'instruments de musique traditionnels de qualité et d'autres ont développé la culture de champignons dans les villages proches.

---

[64] Wellpaper : Women's Empowerment throug Local Livelihood : autonomie des femmes à travers les moyens d'existence locaux.

Des unités plus traditionnelles comme Quiet healing Center, les guest-houses ou Marc's Coffees tirent néanmoins leur épingle du jeu.

Quiet Center est situé en bord de mer près d'un village de pêcheurs. C'est un endroit qu'affectionnait Mère qui y ressentait des énergies puissantes de guérison et Maggi Lidchi-Grassi, sa secrétaire, prit soin d'acquérir le terrain et leva des fonds pour en faire un centre de santé. Quiet n'ouvrit ses portes qu'en 1997 puis s'orienta vers le bien-être et les soins naturels comme l'acupuncture, la biorésonance[65], les massages variés et le travail aquatique sur le corps en piscine d'eau chaude, répertorié sous le nom de watsu. La guest-house complétant ce centre et offrant de nombreux stages (massage, arts martiaux) voit malheureusement la plage adjacente subir une érosion maritime intense suite à un épi de 170 m qui, certes, diminue la force de la houle au nord mais empêche le retour du sable sur la plage par le courant de dérive littorale (près de 35 mètres de plages ont disparu !).

Les *guest houses* n'ont fait que progresser depuis l'implantation de Center F. Guest house avec Tineke Smits au début des années 1970. Aujourd'hui, on en compte 60 offrant une capacité totale de plus de 600 lits que l'on peut classer en 4 catégories : basique avec toit de chaume et salle de bains commune, standard avec murs de brique et salle de bains commune ; puis celle de bonne qualité avec ventilation, salle de bains et cuisine partagée ; enfin indépendante avec studio, ventilation et air conditionné. Dans cette dernière catégorie se classent Afsanah et Auromode. Afsanah, un peu excentrée à Vérité, est un ravissement à l'œil du touriste. Avec un parc aménagé et fleuri, un pont bucolique malheureusement encombré de savates deux doigts, des chambres spacieuses et isolées quelquefois pieds dans l'eau, des bois précieux dans une salle de restaurant somptueuse servant des petits

---

[65] Concept de médecine non conventionnelle, notamment en médecine quantique. Il permet de faire des bilans déterminés, de repérer des anomalies électro-magnétiques au sein des organes et de les rectifier en envoyant des signaux de très faible intensité.

déjeuners copieux, Afsanah est devenue la guesthouse la plus remarquable de la cité.

Marc's Coffees

Le café apparaît tardivement en Inde avec des plants du Yémen introduits en contrebande par le Karnataka (Chikmagalur) qui reste la plus grande région productrice (75 % sur 320 000 t/an) de l'Union indienne. En 2008, Marc de Barcelone rejoint par José Luis, un Basque d'adoption, créa une petite unité à Edayanchavadi puis à Kuilapalayam. Leur affaire d'abord minuscule (16 m²) s'agrandit en 3 phases : une terrasse, une unité de dégustation et de formation et à l'étage une cuisine industrielle avec croissanterie. Ensuite Marc se tourna vers la formation des cafetiers notamment à Chennai, dopant un Hôtel Savera (4 étoiles) pour séduire une nouvelle clientèle indienne traditionnellement tournée vers le thé. Ce fut la création de Brew Room. Marc enseigne la technique de sélection des cafés, de l'amer au plus goûteux pour transformer leur espace inutilisé en l'une des meilleures cafeterias de la capitale tamoule. Dans son unité formatrice chaque vendeur indien peut se familiariser avec le french-press amélioré par un système américain intégré, le percolateur italien et le goutte à goutte qui nous rappelle le café hyper filtré de nos grand-mères. Très vite une seconde unité fut créée à Delhi. Brew Room devint une franchise et au Visitors Centre une nouvelle cafeteria ne désemplit jamais. L'intégration verticale demeure un second pilier de leur réussite. Marc s'est procuré les meilleures cerises régionales pour assoir sa réputation. Un Indien en recherche de formation ayant hérité d'un domaine, l'occasion s'est présentée pour accroître une intégration technique, gage d'une réussite pérenne. L'objectif de Marc demeure avant tout la recherche. Celle-ci se décline sur deux volets : diversifier les caféiers non seulement entre robusta (900 à 1000 m) et arabica plus fragile (1600/1700 m) puis par croisement sélectionner les espèces les plus résistantes en cas d'épidémies ; travailler le produit en soi avant la torréfaction[66]. La réussite est indéniable.

Ainsi ces entrepreneurs d'unités commerciales que l'on désigne dans le jargon local par les termes d'executives ou holders, par leur compétence, leur acharnement ont réussi à trouver des niches dans une économie indienne concurrentielle. Ils témoignent d'un engagement profond envers leur main d'œuvre salariée ainsi qu'à l'égard de la communauté d'Auroville, en assurant une contribution annuelle importante au Fonds central. En fait, l'orientation commerciale n'aurait pas déplu à Mère avec une main-d'œuvre payée correctement et des Auroviliens peut-être peu diplômés mais dotés d'une volonté et d'une astuce qui les mènent bien souvent vers la réussite. Naturellement, le textile et l'artisanat restent les secteurs les plus fragiles mais Uma à Upasana comme Paul Pinthon sur le marché hypersaturé de l'encens ont su démontrer leur sens aigu de l'innovation voire de la recherche pure. C'est vraiment dans l'entreprise que l'on sent la touche de Mère qui correspond à l'objectif de l'ère du Verseau : des relations humaines non compétitives, collaboratrices et fraternelles, avec l'émulation au bien et la réciprocité entre l'individu et le collectif. Le groupe pourvoit aux besoins basiques de chacun qui en retour enrichit la communauté par un labeur librement consenti dans la joie et la créativité. Les pays dits civilisés sont toujours fort éloignés de ces objectifs.

Les relations d'Auroville et les villages proches

En 2000, la population des 7 villages était évaluée à 15 000 ressortissants et l'économie d'Auroville fournissait 2000 emplois observés par les migrations pendulaires journalières entre 8h30 - 9h le matin et 17h - 17h30 en fin de journée. Aujourd'hui la cité recrute au-delà de 20 villages, ce qui en fait un bassin d'emploi non négligeable. Les rapports sont souvent bons entre les Auroviliens et les villageois[67]. Ceux-ci prirent

---

[66] On peut garder la cerise nature ou la débarrasser de sa cuticule, on peut jouer sur les pH et le sucre pour augmenter presqu'à l'infini le nombre de produits possibles en bouche.

[67] Quelques Auroviliens créèrent Sewa (Small Employer's Welfare Administration)

parfois parti pour Auroville durant les paroxysmes de la lutte contre la SAS, distribuant volontiers quelques horions lorsque celle-ci envoyait en service commandé des bandes pour effrayer les forestiers de la Ceinture verte souvent en première ligne. Les villageois ont participé activement à la plantation des 2 millions d'arbres de la Ceinture verte et ont résolu en partie leurs besoins en combustibles en multipliant les arbres fruitiers tout en construisant des petits barrages modérateurs. Là aussi, Auroville a fait œuvre pionnière, démontrant qu'en une génération on pouvait passer d'un désert nu à une strate arboricole à 3 niveaux, avec une canopée protectrice pouvant gérer les périodes de sécheresse. Néanmoins, les sources de conflits restent nombreuses, que ce soient le pâturage intempestif des troupeaux de bovins au sein des espaces protégés (semis), l'usage du brûlis intempestif ou l'absence de collecte des déchets. Mais ce ne sont que frictions de pacotille qui seront réglées avec le temps.

En définitive, si l'on observe quelques chiffres du bilan économique entre 1982 et nos jours en pourcentage, 3 périodes se dessinent :

— en 1982-83, les produits artisanaux (handicrafts) n'occupaient que 13 % du chiffre d'affaires aurovilien contre 17 % à la production textile, l'électronique et l'alimentation étaient chiffrés à 70%.

— En 1997-98, les produits artisanaux triplaient (36 %), le textile en pleine expansion avec Auromode, et Upasana[68]

---

en 1994 pour surveiller les intérêts des villageois travaillant dans les unités de la cité. Sewa a mis en place un programme de retraite calqué sur celui du gouvernement et assume un rôle important dans la résolution de conflits entre travailleurs et employeurs. Elle fournit un peu comme un syndicat des informations fiables sur les taux de salaire, les congés et autres avantages des travailleurs. Sewa tient une bourse du travail locale pour les travailleurs non auroviliens qui cherchent un job à Auroville.

[68] En 1997, Uma Prajapati diplômée du National Institute of Fashion Technology de New Delhi fondait un atelier de création à Upasana. Ses vêtements attirants et novateurs assurèrent sa renommée. Le tsunami de 2004 qui avait frappé les côtes du Tamilnadu marqua un tournant à Upasana. Uma créa alors « Tsunamika », petite poupée-mascotte en chiffon qui fut diffusée dans 80 pays du monde ; c'est un symbole d'amour et d'espoir. En 2006, les erreurs de gestion des tisserands de Varanasi (Bénarès) pourtant producteurs d'une soie de qualité furent redressées par Uma qui, insatiable, lança le sac de toile pliable « Petits pas » pour « dire non

doublait en pourcentage (32 %), réduisant la part des autres entreprises au tiers du chiffre global.

— Aujourd'hui, le textile se réduit à 20 % et les handicrafts à 28 % avec la concurrence de Pondichery. Le reste, avec notamment l'accroissement des guest houses, des restaurants performants (Tanto), des entreprises variées avec des destins divers, représente la moitié du chiffre d'affaires.

L'état de la Ceinture verte

Elle est divisée en 4 zones : 14 fermes occupent l'espace occidental dévolu à cet effet et les stewards qui en ont la gestion font de leur mieux, même si la production maximale en fruits, laitages et légumes est inférieure à 20 % par rapport aux besoins de la communauté aurovilienne. En revanche, le jardin botanique-centre de recherche actif et la gestion forestière dans le secteur oriental tiennent le haut du pavé car ce sont les joyaux d'Auroville. Tout chercheur est impressionné par les bandanas de ces barbus hirsutes souvent à vélo, prêts à tout pour défendre leur chère forêt et qui rejettent pêle-mêle les touristes trop curieux et surtout les planificateurs qui tentent sans succès de leur troquer 30 ans de labeur écologique malaisé contre des « jardins urbains » sur toits plats ou balcons ensoleillés. Ils sont passionnés et ne comptent jamais leur temps ; l'entraide entre eux est sans faille, ils portent haut les valeurs essentielles d'Auroville.

Pitchandikulam Forest : son fondateur Joss Brooks appartient à la première génération de pionniers qui repeuplèrent ces terres dénudées en un sanctuaire vert. C'est davantage qu'une parcelle forestière, car elle recèle une banque de semences, un centre d'enseignement d'où émane une société de conseils qui prône la recherche des espèces indigènes dont certaines graines ont été recueillies à des distances fort éloignées d'Auroville. Selon le classement des biogéographes, Pitchandikulam-Forest est une forêt tropicale sèche à feuilles persistantes ou forêt décidue qui comporte en son sein plus de 400 plantes médicinales appréciées de

au plastique ». En 2008, l'entreprise comptait 40 personnes pour un chiffre d'affaires supérieur à 100 lakhs.

guérisseurs locaux, les nattu vaidyar. Ces derniers enseignent la médecine par les plantes à toutes celles et ceux qui le désirent dans un centre au coeur de la forêt. La réussite de Joss s'exporte. Il est alors invité par des urbanistes tamils en 2008 à élaborer un plan de restauration de l'estuaire de la rivière Adyar à Chennai faisant de cet amoureux des arbres un consultant vert respecté qui combine à la fois passion, expertise et intégrité.

Sadhana Forest, à quelques kilomètres d'Auroville, est très connue des guests car le steward a décidé d'ouvrir sa ferme tous les vendredi soir aux nouveaux arrivants, de faire visiter son domaine agricole et forestier et d'offrir repas vegan et film à un public conquis. Cette approche pédagogique est fort louable et donne la tonalité d'une vie consacrée à la nature.

L'approche didactique est un souci permanent des créations auroviliennes. Le Botanical Garden en est un bel exemple. Créé en 2000 par Paul Blancheflower au patronyme prédestiné, cet espace de 50 acres réunit 40 permanents sans compter les volontaires. Rétablir les espèces indigènes demeure l'objectif premier de ces passionnés de recherche et de nature. Ils n'hésitent pas à se transformer en détectives pour retrouver les noms sanskrits de ces espèces mal répertoriées par les biologistes et biogéographes anglo-saxons. Naturellement, le parcours pédagogique des enfants est facilité par le rôle spécifique des labyrinthes, de la pépinière arboricole, du verger à pomelos et surtout de l'espace sanctuarisé, rempli de mystères puisque les gros animaux porcs-épics, daims tachetés, varans viennent s'y reproduire la nuit dans des taillis épais que l'homme respecte comme au jardin d'Eden.

Ce modèle de régénération unanimement reconnu s'exporte aisément dans les autres Etats de l'Union. Près de 50 projets ont été honorés en 15 ans. Trois sont en cours. Le plus technique se situe sur la côte de Coromandel à Chennai : il s'agit au sein d'une zone inondable industrielle de 15 ha – donc non constructible – de créer un parc avec gradient de terrassement. Avant toute chose, il faut créer des fossés pour évacuer l'eau puis des buttes insubmersibles seront aménagées. Le second à Coorg à 1000 m d'altitude concerne l'implantation d'un « resort » dans une forêt tropicale à protéger de 10 hectares. Quant au troisième à Ooty dans les Nilgiri, il doit régénérer des espèces indigènes (Shola) pour une compagnie hôtelière de Bangalore.

Charlie Lambert s'installa à Aurogreen en 1975 sur un sol nu et sans eau. Il dut creuser un puits de près de 1000 pieds pour atteindre la troisième nappe phréatique bien dotée en eau et développer une polyculture intégrant fruits et légumes bio, volailles et bovins alimentant une laiterie. Cette ferme de 45 acres était une des plus vastes d'Auroville et Charlie vendait ses produits laitiers à Auroville mais aussi sur les marchés locaux indiens. La production en pleine expansion fut stoppée par une conjoncture défavorable : des années sèches, un coût de l'énergie prohibitif et la ferme réduisit de 50 % le nombre de ses employés, soulignant la fragilité de ces unités agricoles soumises à de multiples contraintes et pourtant indispensables à la survie d'Auroville qui ne peut entièrement se livrer au marché extérieur, même si les coûts peuvent sembler dans le court terme avantageux.

Que dire pour conclure ce retour vers les origines qui allie fraternité avec le nouveau Pour Tous et réussites individuelles qui s'éloignent de l'esprit idéal mais offrent des bilans financiers flatteurs ? Aussi avec l'arrivée de nouveaux arrivants les projets d'aménagement urbain vont-ils resurgir dans des conditions foncières peu favorables et des Auroviliens particulièrement divisés.

La période 1974-91 en pleine fronde avec la SAS ne fut guère favorable aux acquisitions foncières. En 1992, seuls 81 hectares, soit 200 acres, furent négociés uniquement pour satisfaire à l'accroissement des communautés existantes. A partir de cette date, il était urgent d'acheter des terres pour accroître la cité, surtout avec le projet d'une ligne de force à 4 tranches de 500 appartements, prévue à l'horizon 2030. Aussi 360 ha, soit 880 acres, furent acquis entre 1992 et 2008, puis les responsables essayèrent de négocier « les dents creuses » dans les 5 km² de la cité durant la dernière décennie[69]. Surtout,

---

[69] Il est malaisé d'obtenir des chiffres de Town Hall. Quelques pourcentages m'ont été donnés mais non confirmés : Auroville posséderait 90 % de la superficie de la

le Land Consolidation Commitee constata que la Ceinture verte déjà grignotée par les villages adjacents générait diverses apophyses vers le centre-ville, freinant ainsi les projets futurs finalisés par l'Auroville Universal Township Master Plan, perspective 2025-2030.

Enfin en 2008, le Matrimandir !!

L'aboutissement de ce projet tant attendu va repousser les affrontements et les frictions dans la communauté aurovilienne pour une bonne dizaine d'années.

Indéniablement, l'absence de Roger Anger, son élan créatif dans l'harmonie architecturale comme dans les moindres détails mais aussi les soucis extérieurs voire l'afflux moins important des dons ralentirent considérablement l'évolution de l'édifice. Autour de ce squelette porteur, Roger et son équipe élaborèrent un dôme constitué d'éléments préfabriqués au milieu des années 1980 recouvert d'une « peau extérieure » percée de hublots où se sont greffés des disques d'or[70]. Par ailleurs, translucide et éthérée, la « peau intérieure » saumonée rappelle le couleur de l'hibiscus d'Auroville. Au cœur du Matrimandir, la chambre intérieure, vaste espace dodécagonal soutenu par 4 piliers, est conçue pour être un lieu de concentration et de silence. Aussi les architectes ont rivalisé d'imagination, masquant de nombreux passages secrets ou portes dérobées. Il ne manque plus que les miroirs sans tain pour amplifier les mystères de cet élément si chaleureux et si imposant à la fois qui pour tout un chacun étonne, rend admiratif ou bouleverse à tout jamais. La sphère a 4 entrées situées entre les 4 piliers structuraux qui indiquent les 4 points cardinaux correspondant aux 4 aspects de Mère : Maheswari au sud, Mahalakshmi à l'est, Mahakali au nord et Mahasaraswati à l'ouest.

---

ville qui occupe 5 km² mais seulement 30 % de la Ceinture verte (Green Belt) qui elle s'étend sur 15 km².

[70] Rappelons que Mère avait choisi ces disques d'or rappelant la chaleur et la beauté de l'au-delà, la couleur du Divin. Quelques voix s'élevèrent pour proposer d'autres solutions notamment du marbre blanc (rappelant le Taj Mahal ? un tombeau ?) option qui heureusement ne fut pas retenue.

On peut aborder le premier niveau par un corridor circulaire percé de deux étroites ouvertures revêtues de marbre menant par un double escalier en spirale à un second niveau. La chambre intérieure se situe à l'extrémité d'une double rampe, au troisième niveau, toute habillée de marbre de Bolzano ou de Makrana du Rajasthan, les 12 colonnes décoratives non porteuses isolant le cœur occupé par le cristal[71].

Irradiance et cristal

L'unique rayon de soleil est dirigé dans cette chambre haute sur un globe central de cristal, rencontre symbolique de l'esprit et de la matière. C'est le réceptacle de la conscience, situé au centre d'une ville consacrée à l'unité humaine et qui doit être guidée par la recherche de la Vérité. Ce globe, fabriqué en Allemagne par la firme Zeiss, mesure soixante-dix centimètres de diamètre, impliquant un lent refroidissement et un polissage soigné. Il repose sur les 4 symboles triangulaires de Sri Aurobindo et reçoit en journée un rayon solaire géré par un héliostat à 4 miroirs. Ce flux lumineux génère dans la chambre une pénombre douce et naturelle qui renforce l'être psychique libre de toute contrainte religieuse. Car Mère insiste beaucoup sur cet aspect : le cheminement du Supramental n'est surtout pas une religion nouvelle ! Tout visiteur autorisé à demeurer 20 minutes dans la chambre ne doit en aucun cas manifester d'une manière ostentatoire par un signe, une génuflexion ou un geste de soumission son attachement au divin. Tout est vibratoire et dans la retenue.

Le corollaire[72] du cristal se retrouve au niveau inférieur où un jet d'eau continu entr'ouvre l'être psychique et l'oriente

---

[71] Pour les Kabbalistes ou les Gématriens, la chambre intérieure compte 12 piliers comme les 12 signes du zodiaque, les coussins pour méditer entre les piliers sont disposées par 4 et 3 (soit 7). Ainsi 84 personnes (12x7) sont admises à chaque séance. Or 84 ans est la durée de la révolution d'Uranus, la planète du Verseau qui reste 7 ans dans chaque signe zodiacal...

[72] La dalle de marbre qui porte le cristal est percée en son centre d'une petite ouverture et une seconde lentille recentre le rayon de lumière afin qu'il traverse le système jusqu'au bassin aux lotus où 8 allées en étoile convergent depuis les jardins adjacents.

---

vers la paix et la méditation. Au cœur du Matrimandir, on peut voir la lumière jouer avec les disques d'or, l'harmonie des couleurs intérieures pastel, se concentrer sur le cristal où à chaque heure de la journée se décline le miracle moiré des effets combinatoires, ravissant l'œil tout en élevant conscience et âme :

> *Il établissait l'empire de l'âme sur la matière*
> *Et son univers borné comme sur un roc solide au milieu*
> *des mers infinies*
> *Dans un silence qui vibrait du verbe de lumière*
> *Le suprême soleil d'or, d'une vérité sans temps*
> *Déversait le mystère du rayon éternel*
> *Sur un océan de découverte sans fin*
> (Sri Aurobindo, *Savitri*, II.2)

Ainsi le Matrimandir symbolise la naissance d'une nouvelle conscience qui cherche à se manifester en se libérant de la matière.

« *A cause d'idées fausses, on sépare le matériel et le spirituel* », disait Mère, « *on ne rapproche pas ces deux éléments alors que l'une est incomplète sans l'autre... Si l'on combine les deux, on atteint la perfection, impensable pour un esprit humain ordinaire et pourtant c'est ce vers quoi nous tendons...* »

Figure 4 : Le Matrimandir
(photo J. Lee)

Cependant, tout n'est pas terminé.

Tout autour du Matrimandir, Mère désirait « *12 jardins avec toutes sortes d'hibiscus, de grands arbres majestueux, des statues de marbre, des cascades d'eau et des mini-bassins de couleurs diverses avec des petits ponts, des rochers de style japonais et toutes sortes de cactus.*[73] » Elle voulait une seule entrée avec un pavement semi-précieux. Elle désirait en fait une île dont émergerait son joyau : le Temple de la Conscience ! « *Si l'on ne peut aménager le lac, construisons le Matrimandir et l'on verra plus tard !!* » Roger avait esquissé un croquis et le projet resurgit à l'aube du Troisième millénaire en septembre 2001 où l'ingénieur Kraft fut désigné pour alimenter ce lac qui devrait desservir la cité. Michael Bonké, grand mécène d'Auroville au sens le plus noble du terme, s'accroche désespérément à sa réalisation, fait des essais d'imperméabilisation du sol, calcule avec précision combien de litres d'eau ce lac en eau stagnante perdrait par évapotranspiration (près d'un pouce par jour), ce qui rend impossible le pompage des nappes déjà surexploitées et renvoie le projet aux calendes grecques car le dessalement d'eau de mer est actuellement trop onéreux. Il faudra attendre une avancée technologique majeure ou un ingénieur inventif[74], ce qui ne saurait tarder dans la ville de l'Aurore.

Des relations internationales bien modestes

Les pavillons internationaux émergent lentement dans leur espace rétréci par l'expansion des autres composantes. Ils

---

[73] Cité par Huta D. Hindocha en 2002 in « The spirit of Auroville » (p. 12).

[74] Pour réduire l'évapotranspiration il serait possible de découper le périmètre du lac artificiel en multi-lobes pour augmenter la zone de contact entre rive et plan d'eau et planter des taillis hydrophiles qui freineraient l'EVP. Il serait peut-être aussi intéressant de prévoir des bordures peu profondes et à l'inverse une profondeur maximale au coeur qui permettrait de stocker l'eau froide, créant ainsi un courant puis un vortex limitant l'évapotranspiration. Mais ce n'est pas aisé sur un lac annulaire ! Tout ceci demande moult calculs et l'on n'est jamais bien certain du résultat. Mère inspirera certainement un jeune talent prometteur.

---

occupent le secteur occidental dit « zone internationale » dans la structure galactique. Seul le Japon en 1968, en plein essor économique et en mal de reconnaissance, décida d'ériger un pavillon dès la création de la ville mais son action peut-être prématurée ne dépassa guère le stade de l'avant-projet. Le pavillon tibétain est le plus remarquable mais il fallut compter 16 ans[75] entre la pose de la première pierre par le Dalaï-Lama (1993) et le pavillon en forme de mandala, œuvre majeure de l'architecte André Hababou (2009). Le pavillon africain juché dans les arbres est pour le moins original mais lui a le mérite d'exister. La Russie en 1996, la Hongrie, l'Allemagne et le Royaume-Uni en 2001, la Corée du Sud en 2005, la Chine, la Slovénie en 2008 manifestèrent un intérêt poli sans toutefois concrétiser leur projet. Le pavillon canadien se réduit à un totem Inuksuk (Inuit) fort captivant et l'édifice américain toujours provisoire attend des jours meilleurs.

Le pavillon indien de Bharat Nivas se distingue par son imposante superficie et ses annexes. Grâce à son auditorium, toutes les compagnies de passage trouvent un lieu d'accueil pour des spectacles de danses, des concerts ou des films souvent de qualité. Un peu plus loin, à Savitri Bhavan, une statue de Sri Aurobindo orne la vaste cour d'honneur qui accueille le visiteur ; des expositions permanentes occupent les murs de ce bel édifice où quelques privilégiés occupent d'immenses bureaux. Ce centre est consacré à promouvoir l'unité humaine par une éducation spirituelle fondée sur les enseignements de Sri Aurobindo et de Mère. Cet enseignement se concentre sur l'épopée mantrique de « Savitri », légende mais aussi symbole, que Mère a qualifiée de « révélation suprême ». Savitri Bhavan a pour objectif de réunir, créer, héberger et mettre à disposition du public toutes sortes de matériaux et d'activités qui feront profondément apprécier le poème majeur de Sri Aurobindo, tout comme les buts et idéaux d'Auroville, dans un espace manifestant l'atmosphère de Savitri.

A cet égard, rappelons quelques mots de Mère sur l'Inde qui sont toujours d'actualité : « *Seule l'âme de l'Inde a le*

---

[75] Le pavillon ne fut pas inactif avec les représentations et expositions itinérantes de Claude Arpi durant ces seize dernières années.

pouvoir d'unifier le pays. Chaque province a sa culture propre, ses tendances, son caractère et son langage et vouloir unifier tout cela artificiellement serait désastreux. Mais l'Inde a une âme unique, intense dans son aspiration à la vérité spirituelle qui est l'unité essentielle de la création et l'origine divine de la vie et en s'unifiant à cette âme et à sa réalisation, le pays pourrait retrouver une unité qui n'a jamais cessé d'exister dans les consciences supérieures... L'Inde est le pays où la loi psychique peut et doit régner et le temps est venu pour cela. C'est d'ailleurs le seul salut possible pour le pays dont la conscience a malheureusement été faussée par l'influence et la domination d'un pays étranger mais qui malgré tout est en possession d'un héritage spirituel unique... L'Inde n'est ni le sol, ni les rivières, ni les montagnes de cette contrée, ni le nom collectif des habitants de ce pays. L'Inde est un être vivant aussi vivant que Shiva par exemple. L'Inde est une déesse comme Shiva est un dieu. Si elle veut, elle peut se manifester sous une forme humaine.[76] »

La France, dès 1993, délivra un projet soutenu par F. Mitterrand mais une mauvaise gestion des crédits réduisit le pavillon à deux cellules préfabriquées. Cependant, un gardien à demeure défend vaillamment son espace contre l'intrusion des chèvres et des vaches. Si le pavillon n'avance guère, son responsable Claude J. se démène pour offrir chaque année plus de 200 manifestations culturelles qui se déclinent en expositions, conférences diverses et variées, ateliers théâtres, séries de films consacrés à un auteur, où le français occupe une vraie place. Car Mère espère beaucoup de la France ! Elle pense que celle-ci a un rôle éminent à jouer dans cette renaissance spirituelle de l'Inde :

« La France c'est la générosité des sentiments, la nouveauté et la hardiesse des idées, l'action chevaleresque. C'est cette France-là qui commande le respect et l'admiration de tous ; c'est par ces vertus qu'elle a dominé le monde. La France utilitaire, calculatrice et mercantile n'est plus la France ; ces choses ne sont pas conformes à sa vraie nature et, en les pratiquant, elle perd la noblesse de sa position

---

[76] Cristof, op. cit.

———

mondiale. Voilà ce qu'il faudrait faire savoir aux enfants d'aujourd'hui. C'est la France qui peut relier l'Inde à l'Europe car elle possède de grandes possibilités spirituelles. Elle jouera un grand rôle en dépit de sa mauvaise situation actuelle. C'est pourquoi j'ai choisi la France comme lieu de ma naissance bien que je ne sois pas française... Tous les pays ont un rôle unique à jouer, chacun représente un aspect de l'Un Suprême et dans la manifestation terrestre ils ont tous le même droit à une libre expression d'eux-mêmes. »[77]

Alors que le pavillon tibétain offre tous les ans un spectacle de qualité en fin d'année, une fête des lumières, le pavillon français propose cette année un festival de courts-métrages où chacun peut participer et y démontrer sa technique.

---

[77] Texte de Mère cité par Cristof (op. cit., p. 215).

Les Auroviliennes et les Auroviliens

2793 Auroviliens[78] en 2018, auxquels il serait bon d'ajouter les parents proches résidents permanents, amis ou étrangers absents le temps d'un renouvellement de visa ! ! Ce nombre se compose de 699 enfants et adolescents pour 2094 adultes avec une égalité parfaite entre hommes et femmes. La forme oblongue voire ventrue de la pyramide des âges accentuée par une base rétrécie implique un vieillissement indéniable de la population aurovilienne, phénomène attendu pour une cité née de l'association de jeunes gens il y a cinquante ans. La population pionnière âgée occupe 20 % du total, ce qui correspond aux normes européennes. La vague de la seconde caravane a atteint la soixantaine mais le chiffre est gonflé par les nouveaux « retraités » actifs qui s'intègrent aisément à Auroville, profitent du climat, de l'accueil sympathique des résidents, de la proximité des hôpitaux et d'une certaine liberté pour monter une affaire sans la concurrence extérieure indienne.

Dans la population très active (19-60 ans), un saillant et deux rentrants se dessinent :

– le saillant 35-49 ans correspond aux enfants des pionniers nés entre 1967 et 1983 et forme le noyau actif de la cité qui aujourd'hui prend ses responsabilités dans les diverses commissions administratives ;

– le premier rentrant correspond à la tranche des 50-58 ans qui avaient 20-30 ans entre 1975 et 82, et dont une part importante (1/5) est rentrée suite aux épisodes difficiles entre Auroville et la Society. Ces départs et la faiblesse des arrivées se répercutent dans le second rentrant des actifs de 30 à 35 ans. Le creux spectaculaire des 25-29 ans correspond au départ des jeunes gens sortant de la Future School et Last

---

[78] 2566 en 2016, 2777 en 2017, 2793 début 2018.

School et qui partent découvrir l'Occident et le monde durant leurs études.

La 3ᵉ tranche correspond aux enfants et aux adolescents qui forment 24 % du total, ce qui n'est pas négligeable. Mais la baisse des naissances (0-4 ans) est passablement inquiétante. Serait-ce dû à l'affaiblissement des arrivées des Newcomers par manque de logements, par la suppression des maintenances qui seraient à l'origine de ce fléchissement ? Ou alors le départ d'un conjoint pour quelques mois en Europe afin d'augmenter le niveau de vie pour lui et sa famille ? Ce vieillissement des Newcomers ces dernières années qui ne comble pas le départ des 20-29 ans voit l'arrivée de trentenaires ou de quadras ayant accumulé savoir-faire et capital pour une intégration plus aisée à Auroville.

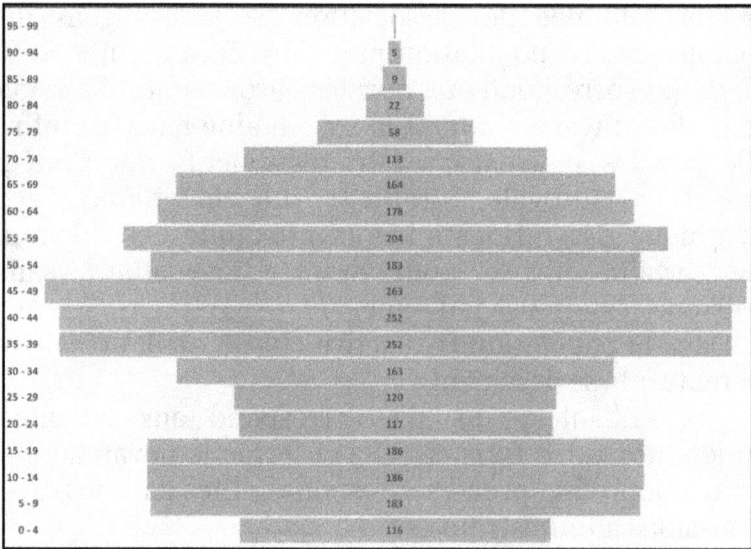

Figure 5 : Pyramide des âges de la population aurovilienne
(Jlg 2018)

Parmi ses 2793 ressortissants (2018), les Indiens toutes régions confondues représentent 43 % du total soit 1212 individus. Ils sont suivis d'un groupe de six nations qui dépassent la centaine d'individus, soit 398 Français, 244 Allemands, 152 Italiens, une centaine de Hollandais et de Nord-Américains et autant de Russes si l'on inclut la vingtaine d'Ukrainiens. Ensuite on relève une coupure nette avec les pays qui comptent une cinquantaine de ressortissants comme le Royaume Uni (57), l'Espagne (55), Israël (46), la Suisse et la Belgique respectivement 43 et 39 auxquels on peut agréger les Coréens (37) et les Canadiens (23). Enfin 3 nations ont moins de 20 unités : l'Autriche (16), le japon (14) et l'Australie (13) et une bonne vingtaine moins de 5 individus ce qui porte le chiffre des nationalités à 54.

Motivations

Ces 2793 Auroviliens ont 2793 raisons de vivre ici, vu les personnalités si diverses que l'on rencontre dans cet espace restreint. Cependant, en se fondant sur quelques enquêtes, il est possible de dégager les principaux facteurs qui ont conduit hommes et femmes à choisir le statut d'Aurovilien :

— L'objectif spirituel devrait dans tous les cas l'emporter d'une manière écrasante ! Or ce n'est pas le cas, il serait plutôt à géométrie variable ; l'aspiration spirituelle demeure fondamentale pour les plus convaincus ! Certains pionniers sont venus à pied et en stop depuis l'Europe avec pour viatique « L'Aventure de la Conscience », ont séjourné dans le « Parc à charbon », abri misérable à 3 roupies la nuit mais tellement chargé de vibrations positives, et ont pu – pour les plus avancés – rencontrer leur être psychique.

— Des cryto-objectifs plus triviaux motivent souvent les candidatures non réfléchies, pas toujours durables. En effet, vivre en milieu tropical sec dans un espace protégé à forêt sempervirente loin des froidures et des pollutions occidentales, tout en sillonnant sans casque des pistes bucoliques ferrallitiques n'est pas à négliger. Il peut devenir suffisant, même si ce facteur est rarement évoqué.

— L'échec professionnel ou sentimental peut également se revêtir, pour une toute petite minorité, des oripeaux de la spiritualité.

— L'opportunité suscitée par la beauté étrange et mystérieuse des Auroviliennes rassemblant cinquante nations si diverses sur moins de 20 km², l'engouement suscité par la gamme sans cesse élargie des formations proposées, du jardinage aux savoirs guérisseurs par les plantes, en passant par les labos de langues, les stages de massage ou les sports de combats sans oublier la compétence internationale reconnue de certain(e)s intervenant(e)s comme Tatiana, professeur de yoga à Pitanga.

— La réelle gentillesse des Tamouls, peuple « psychique », leur patience et leur dévouement auprès des personnes âgées, l'élégance de leurs filles en sari assises en amazone sur le siège arrière du scooter, telles des déesses souriantes et sereines...

— Le choix d'une économie fraternelle sans concurrence effrénée, le refus de l'usage de l'argent (ces idéalistes peuvent être fort déçus au bout de quelques années !).

— Le brassage des nationalités, l'attrait de l'originalité et d'autres espoirs non formulés mais qui poussent plus d'un impétrant à faire sa démarche malgré les fourches caudines de l'Entry Group auxquelles se surajoute pour les nouveaux arrivants la présence de deux mentors.

Aussi, que l'on ne dise pas qu'Auroville est une secte car il est difficile d'y entrer et l'on peut aisément en sortir en laissant tout de même à la communauté sa demeure quelquefois durement acquise. Surtout, la communauté n'est pas hiérarchisée sous la houlette d'un gourou. Même lorsque Mère officiait – elle préférait les actes aux paroles – l'organisation de la cité se gérait (difficilement) par de nombreux meetings comme l'assemblée plénière des Grecs sur l'espace sacré de l'agora. Aussi, après un nouveau mouvement brownien sur lequel l'impétrant n'a aucune prise, le dentiste devient serveur, l'enseignant jardinier, l'ingénieur comptable au Town Hall, l'architecte vestiaire au Matrimandir.

Récemment, fin 2017, un philosophe a essayé de démontrer que les Auroviliens étaient « dans la croyance », que les écrits des « gourous », notamment la charte, n'étaient pas critiqués (dans le sens noble de terme) et que l'abondance des effigies de Mère rappelait la foi du charbonnier (il ne l'a pas dit mais l'a fortement pensé) ! J'attendais une forêt de doigts pour contester cette vision hâtive ! Rien ! Les francophones s'étaient peu à peu assoupis devant un conférencier, fort sympathique au demeurant, qui lisait son texte et nous rappelait les définitions des Stoïciens, Epicuriens ou Cyniques relevant des diverses académies de la Grèce antique. Mais pour se frotter aux maîtres du Supramental, il faut lire et critiquer plus de 15 000 pages en anglais et en français produites par Sri et Mère. Le chercheur critique n'a guère de prise puisqu'il s'agit d'expériences : on la ressent ou pas. Le critique avec son mental aiguisé n'est que dans la position du béotien lambda. Il peut nier l'existence de l'être psychique ou le rôle fondamental de Sri Aurobindo dans la lutte contre l'asoura, prince du mensonge, qui manipulait Hitler[79] mais sur le fond, les textes de Mère ou de Sri n'ont aucun lien avec une théorie sociale ou une religion révélée. En outre, les intellectuels ne se bousculent guère pour critiquer la vision supramentale car il faut lire et macérer toutes ces pages ! Et pour qui ? 3000 Auroviliens qui poursuivent inlassablement leur sâdhanâ et ne répondront point aux critiques ! Sur le plan médiatique, ça ne tient guère la route. Mère savait pertinemment que l'on pouvait qualifier sa recherche de « religion » ; elle a donc banni du Matrimandir toutes marques de soumission ou d'attachement quelles qu'elles soient car on y médite en silence, premier pas de la recherche yogi. Quant aux effigies, nous sommes en Inde où partout des dieux et déesses colorés occupent séjours, automobiles, rikshaws ou porte-billets. Si l'on remonte dans le temps, la chasse aux images de l'impératrice byzantine Irène, contemporaine de Charlemagne, n'a en aucun cas modifié le comportement des hommes envers les icônes chrétiennes.

Les adultes au travail, les enfants à l'école, les malades à l'hôpital... (cf. Mère parle d'Auroville)

Les Auroviliens sont dans l'ensemble très actifs et souvent créatifs. Cependant, en 1968, ce n'étaient que des jeunes gens sans qualifications précises qui trimaient dans l'excavation primitive du Matrimandir et en couples conscients

---

[79] Lire à cet égard les 16 pages d'un disciple de Sri Aurobindo, Nolini Kanta Gupta, *La guerre mondiale, sa portée intérieure*, Auropress, 1975.

mais libres, changeant volontiers de partenaire dans leur capsule à toit de chaume. Ils ont évolué, ils ont vieilli, grandi dans la lutte pour leur survie, de meetings en meetings. De planteurs en jardiniers, de gestionnaires de guest-houses à gérants de dons, ils sont devenus financiers, inventant moult systèmes ingénieux ou boiteux pour vivre sans argent mais avec une vague carte plastique toute usée à la main ou un numéro de compte à 4 chiffres. Ils ont été confrontés à des défis de plus en plus importants, générés par une croissance plutôt migratoire que démographique : gérer l'eau des nappes locales, implanter des éoliennes avant que Michael Bonké, le diamantaire-mécène, n'offre à Auroville l'énergie de ses moulins qu'il gère dans le sud du pays. Il faut également entretenir les routes en terre défoncées à chaque mousson, en limitant les pavages ou pire le bitume sauf pour les axes majeurs.

Certes, jusqu'en 1973 l'autorité de Mère aplanissait les conflits, faisant barrage aux déviants, et orientait les actions. Le conflit violent avec la SAS a laissé quelques traces entre radicaux et neutres mais a fait grandir le groupe lui montrant le chemin de l'unité. Et puis les Auroviliens ont repris leurs activités. La population augmentant lentement, on abandonne provisoirement le plan urbanistique pour réduire la voiture et se recentrer sur le Matrimandir. Le paysage change, le Work Tree laisse la place à des espèces plus nobles et les forestiers, « tundu[80] » en tête, deviennent les héros de la cité devenue verte à souhait. Ils créent bunds et aneikats, barrières et fossés sur les routes et chemins pour éviter l'intrusion de vaches des paysans voisins, pourchassent les chèvres, érigent des éoliennes. Le vélocipède et la lampe frontale, le lunghi sur les reins sont leurs signes de reconnaissance : la Green Belt, second joyau d'Auroville après le Matrimandir, leur appartient !!

Liste des langues qui seront enseignées selon Mère : 1 le tamoul, 2 le français, 3 le sanskrit simplifié pour remplacer le

---

[80] Sorte de torchon qui leur donne l'allure de sortir d'un film de science-fiction.

hindi comme langue de l'Union, 4 l'anglais comme langue internationale.

Les enfants quittent l'école primaire et collège de Transition (ou l'école de New Création d'André Tardei) pour le secondaire soit vers Future School ou Last School. Là, tous s'aperçoivent qu'ils ont oublié les directives de Mère qui désirait que chaque enfant indien ou étranger apprenne le français pour renforcer la cohésion du groupe et peut-être lire son œuvre dans le texte. Qu'on le veuille ou non, Mère s'est toujours affirmée très française, ce qui entre nous enquiquine rudement les Anglo-Saxons et remplit de joie les Gaulois d'Aspiration, les Africains d'AOF et AEF ou les Québécois gonflés à bloc depuis « Vive le Québec libre » lâché en 1967 par un vieux général-président.

Mère a beaucoup écrit – malheureusement en français, disent les autres, les non-francophones, avec une mine teintée de regrets car les traductions de mère, que ce soient les Entretiens ou les Agendas, ne rendent jamais son esprit tellement hexagonal, que ce soit dans l'ironie, dans l'apparente bonhommie des propos ou dans « ce je ne sais quoi » au parfum original qui a longtemps consacré cette langue à la sonorité si douce comme langue de la diplomatie dans le monde, du XVIIème siècle à 1918.

Sachant que les adultes même les plus doués ou les plus besogneux n'atteindraient jamais le niveau de langue requis, Mère institua le français dans les écoles de l'Ashram dès le jardin d'enfants. Il faut souligner que ce fut une réussite car de nombreux enfants élevés à l'Ashram parlent un français parfait, ce qui n'est pas toujours le cas des étudiants de l'Alliance française. Mère espérait que la seconde génération pourrait la lire dans le texte et le français langue commune se maintiendrait à égalité avec l'anglais dont le niveau de langage comme la prononciation hiérarchisent tellement les individus. Las... Les aides maternelles parlant français n'étaient pas légion et la seconde génération aurovilienne et indienne des villages adjacents échappa au français. Les parents n'ont pas vu qu'ils oblitéraient les chances de leurs descendances en pratiquant aisément un anglais basique qui serait, quoi qu'ils en disent, un anglais de cuisine. Certains francophones aujourd'hui s'enorgueillissent d'écrire des articles en anglais, plus facile à rédiger que la langue de Molière ! Fichtre ! Mais dans quel registre ?

Il y avait pourtant un fil directeur tout trouvé avec l'intérêt conjoint de Sri Aurobindo, de Mère et du pandit Nehru pour Pondichery : « Gardez coûte que coûte une enclave française dans notre espace marqué par l'empreinte anglo-saxonne ! » Mère a essayé d'appliquer cette notion avec l'enseignement du français pour les nouveaux arrivants de toutes les régions de l'Inde ou du reste du monde. Pourquoi ? Mère avait la vision et savait pertinemment que des actions favorables aux progrès du Monde se feront entre l'Inde et la France, peut-être dans d'autres temps et que tous liens, toutes traditions entre ces deux pays font sens et œuvre constructive.[81]

Les Français les plus appliqués apprirent rapidement l'anglais, certains trop contents de prendre le pas sur les esprits soi-disant épais qui maîtrisaient mal la langue de Shakespeare et se faisaient discrets dans les meetings. Et pourtant l'anglais, langue véhiculaire des Indiens avec le hindi, a toute sa place mais dans une stricte égalité avec le français et le tamoul, sans oublier le sanskrit simplifié pour assurer la pérennité de la communauté[82]. Certes, Mère avait d'autres tâches et sa méthode n'était pas d'imposer mais de suggérer. Ce pan de l'histoire linguistique d'Auroville fut abandonné au profit de choix plus pratiques et d'abord la nécessité de s'unir puis de grandir en résistant à la SAS. On peut le regretter.

---

[81] Récemment, en avril 2018, à Canberra, le président Macron a évoqué l'idée d'un axe France-Inde-Australie pour équilibrer l'expansion économique chinoise. Dans le non-dit, cette alliance pourrait profiter à la France qui, contrairement à l'Inde, manquera cruellement dans la prochaine décennie de techniciens et d'ingénieurs.

[82] Au sud de l'Inde, l'île Maurice, micro-Etat indépendant depuis 1968 le pratique avec brio avec deux langues de plus : le créole et le bhojpuri qui est une lingua franca simplifiée ajoutée au créole pour que Tamouls, Gujaratis, Indiens divers puissent se comprendre, donc 5 langues pour le Mauricien « complet » : la langue maternelle comme le tamoul, le bhojpuri pour communiquer avec les autres Indiens (en fait, remplace le hindi), le créole, langue usuelle, l'anglais, langue administrative, et le français, langue de cœur, pratiquée par les grandes familles franco-mauriciennes (servant de modèles). Soulignons aussi que la langue est soutenue financièrement (comme aux Seychelles) par les autorités françaises.

La conséquence immédiate fut que les jeunes locuteurs anglophones plus nombreux renforcés par les pays de l'Est ou asiatiques noyèrent les francophones. Aussi il n'existe pas de stricte égalité entre la Future School qui prépare au baccalauréat anglo-saxon (A-level) et la Last School, même si cette dernière met l'accent sur une pédagogie active d'avant-garde depuis le primaire, proche des écoles Montessori, Freinet ou Steiner.

Mère aurait dit : « Auroville se fera avec ou sans les Auroviliens... »

Auroville est un espace de liberté très simple car tout y est possible, mais malaisé car on ne te pardonne rien... Certes, suite au recrutement, une tâche plus ou moins définie incombe à l'impétrant, c'est à chacun de trouver sa place, d'élaborer un projet ou de s'intégrer dans un programme existant... Certains Auroviliens ajoutent avec un sourire : « Si tu es positif, tu trouveras ici un catalyseur qui abondera ton action, si tu es négatif, Auroville (ou Mère) te renverra en pleine figure tes manques, te forçant à évoluer ou à dégager. » Tout s'accélère ici, le brassage multiple renforcé par l'exiguïté des lieux, le tutoiement et l'usage exclusif des prénoms, le nom du lieu de résidence servant de patronyme pour les doublons, les salutations d'usage au Visitors Centre, au PTDC, à Tanto facilitent rencontres et échanges.

Cependant, revers de la médaille, il y a les autres, les excessifs, les fous de l'Inde[83], les êtres négatifs venus recharger leurs batteries défaillantes, bref, les empêcheurs de tourner en rond.

Espace à la fois simple et si dur car personne ne t'accueille, ne t'indique une tâche précise comme dans une entreprise occidentale ! Cela demande de l'énergie, de la

---

[83] Régis Airault, Ed. Payot, 2002. Pour cet ancien psychiatre en poste au consulat de Bombay soit on vient en Inde car on est bien atteint soit on le devient. Il est vrai que lors de mon premier voyage en Inde en 1976 j'ai pu croiser pas mal de doux dingues (je ne parle pas des hippies ou des « Are Krishna ») mais des routards avec des projets plein la tête. Car l'Inde reste avant tout un espace de liberté.

psychologie et de la volonté. Certes les stages de formations diverses sont libres mais l'âpre rivalité entre les offres favorisées par le paiement de la main à la main au lieu d'un formulaire s'estompe devant une foule de règlements restrictifs ; l'Inde bureaucratique n'est pas loin !

Mais l'avenir d'un endroit est ce qu'en feront les résidents. Auroville est un laboratoire de l'évolution, un endroit où l'on cherche. La cité offre au monde un concept nouveau de croissance dite incluse, c'est-à-dire une croissance sans profit prédateur qui n'a que deux objectifs : œuvrer pour Mère et le Supramental pour que chaque once de travail ou de recherche R/D serve de modèle au Monde ou du moins poursuive cet objectif, la créativité et l'abnégation des acteurs ne se souciant que du bien être[84] des peuples et de la Terre. Aussi un organisme de recherche, le Cirhu, avec un espace prévu par Roger Anger dans son plan initial, avec de jeunes chercheurs se met en place. Un espace provisoire avec salles de travail et de conférences devrait bientôt voir le jour.

Tous tentent de suivre la Charte de Mère car : *Auroville n'appartient à personne en particulier...*

Certes, le Comité de gestion des Fonds y veille. Ceci implique que l'executive ou le steward sont responsables de leur unité car une gestion trop laxiste peut mettre une entreprise en péril. Reste la propriété individuelle. La vente de son logement est interdite et si le descendant n'est point Aurovilien, le bien revient à la communauté. Mais les exceptions sont nombreuses et les Auroviliens indiens ayant une vaste famille sont amplement favorisés face aux expatriés...

... Auroville sera le lieu du progrès constant et d'une jeunesse qui ne vieillit point...

C'était superbe et enivrant en 68 ! Il est vrai que par le yoga, un régime vegan sans alcool ni tabac, cette génération –

---

[84] Un dentiste éclairé, Jacques Veyret, devant le coût élévé des soins dentaires, initie dans chaque village du district au pied d'un arbre et à ceux qui le désirent des gestes simples de prévention dentaire comme le détartrage, le brossage efficace, la prévention de caries...

—

qui maintenant dépasse allègrement les soixante-dix ans – se maintient en forme et pourrait servir de modèle publicitaire pour tous les soixante-huitards européens qui sont à mille lieux de leurs ressembler ! Pourtant, si la Charte de Mère implique que l'on travaille jusqu'à la fin – si l'on veut bénéficier de sa maintenance – des points de dissension naissent avec la maladie ou la frustration. Auroville permet le changement rapide d'activité, ce qui aplanit les conflits et gomme la routine. Mais la pénibilité de l'activité, les périodes d'inactivité, les niches avantageuses de certains emplois ne sont pas prises en compte. Certes, la fraternité doit effacer tout cela mais ressentiments, dépits et drames personnels peuvent ternir l'esprit d'une cité qui se veut avant tout spirituelle et œuvrer dans la sincérité et la vérité.

.... « *Mère, quelle organisation politique désirez-vous pour Auroville ? – Il me vient une définition amusante : une anarchie divine... Les hommes doivent prendre conscience de leur être psychique, que l'autorité et l'influence de l'ego disparaissent et spontanément s'organiser sans règles et sans lois fixes, c'est l'idéal.* »

Naturellement, après 1973 les décisions se prenaient après d'âpres discussions durant de longs meetings. La loi de 1988 imposa un secrétaire nommé conjointement par le président de la Fondation d'Auroville, par le Premier ministre indien et le ministre des Ressources humaines pour un mandat de 5 ans, l'intérim étant assuré depuis 20 ans par Srinivasamurti, un disciple de Mère. Le président actuel est un Maharaja de 85 ans, Kavan Singh, qui a connu Roger ; il en est à son 3ème mandat. Il nomme les 6 ou 7 membres du Conseil International d'Auroville comme le Sénégalais Doudou Diène ou le Belge Mark Louys dont la pensée répercute la vision extérieure de la cité. Ce groupe se réunit peu (2 fois l'an) ; il est favorable au développement dont l'action et les projets sont « gazettés » à Delhi.

Puis les décisions sont prises par 4 comités élus démocratiquement[85] : l'organe le plus important est le

---

[85] Pour élire un comité, une centaine d'Auroviliens intéressés se réunissent deux ou trois jours pour émettre des critères techniques ou moraux de sélection puis désignent une trentaine (quelquefois plus) de candidats éligibles parmi lesquels le

Working Comittee (7 membres) qui représente les résidents ; l'Auroville Council règle les conflits de groupes, bon moyen pour se faire détester par tout le monde ; le FAMC (Funds and Assets Management Commitee) est un comité de gestion des biens mobiliers et immobiliers qui crée les unités productives donc finance leurs besoins et analyse la validité des projets. Le Fonds domine 3 ou 4 bureaux qui règlent la vie journalière des Auroviliens : les services du logement (Housing), le service des prêts et le service financier.

Enfin, l'Avenir d'Auroville est un comité prospectif qui prévoit l'avenir de la cité. Comment passer d'une cité de 3000 résidents sans compter les migrants journaliers pendulaires à près de 50 000 ? Ils ont élaboré le plan de masse, les lignes de force, les 4 zones de Mère, le Matrimandir et le futur lac autour de l'édifice.

Le Land Board et l'Entry Group sont des postes de pouvoirs assez recherchés :

– le bureau foncier négocie l'achat des terres d'Auroville depuis la rupture avec la SAS. En priorité, il porte son effort sur les espaces concernés par le plan de masse accepté par Mère sur proposition de Roger Anger (il y avait eu plusieurs maquettes : plan en ellipse, en galerie...). Si 90 % des terres sont acquises sur la cité, il n'en est pas de même pour la Ceinture verte où sans vergogne des promoteurs ont acheté et gelé des terres sur une bonne moitié de la ceinture qui ne verra jamais le jour comme l'espérait Mère.

– L'Entry Group comprend 9 personnes qui ont la lourde charge d'élaborer des critères d'entrés en fonction des besoins, de l'apport des newcomers, et de l'aspiration spirituelle qui est bien difficile à évaluer car aucun membre ne possède la vision de Mère !! Très laxistes ces dernières années selon la vox populi aurovilienne, les nouveaux élus ont essayé de limiter les entrées trop massives à caractère économique en adjoignant à chaque newcomer deux mentors qui par quelques directives éclairées conseillent les impétrants.

---

vote de l'assemblée représentative choisira 7 ou 9 membres selon la lourdeur de la tâche à accomplir. Selon les bureaux, le mandat est de 4 ou 5 ans.

Quel sera le rôle de l'Ashram de Pondichery à Auroville ?
— « Ce que le Seigneur Suprême voudra qu'il soit. »
(1965)

Apparemment Il a tranché en septembre 1988. Cependant, les Auroviliens désirent renouer avec l'Ashram et effacer le fâcheux épisode de Navajata car l'Ashram est le lien unifiant les adeptes de Mère dans toutes les régions de l'Inde. Non seulement cet esprit de paix est recherché par les anciens Auroviliens qui ont gardé souvent des amitiés solides à Pondichery mais sans l'Ashram, l'arrivée des newcomers indiens, intéressés davantage par le statut d'Aurovilien que par la philosophie de Mère, pourrait s'accentuer.

Développeurs contre Ecologistes

Après les premières implantations des communautés que l'on peut suivre sur une carte par la ligne des puits de Kuilapayalam à Visitors Centre, les implantations se sont faites sans aucun plan préétabli, chacun disposant d'un chemin, les plus habiles d'une route. Aujourd'hui ce sont plus de 80 communautés dont certaines sont bien difficiles à débusquer. Toutes ont leur charme, leur esprit, presque leur philosophie, en fonction des créateurs ou des meneurs de groupes. Les visiteurs en passant d'une communauté à l'autre découvrent la richesse de ces hommes et femmes qui ont consacré leur vie à un idéal de recherche de la Vérité.

Il ne s'agit certainement pas pour moi qui ne suis qu'un visiteur de prendre parti dans ce choix d'aménagement, affrontement douloureux que l'on retrouve très souvent parmi les édiles de nombreuses villes européennes. Cependant, l'expérience prouve que les passages en force laissent toujours des traces et convaincre en expliquant est encore la meilleure arme de la démocratie.

Auroville grandit et doit intégrer 200 nouveaux arrivants par an, ce qui implique qu'il faut prévoir un ou plusieurs immeubles collectifs avec desserte routière, parkings aménagés, commerces et services à proximité. Un plan d'urbanisme à géométrie variable serait le bienvenu[86] pour le centre et surtout pour la Ceinture verte car plus les responsables attendent, plus les contraintes extérieures entraveront l'aménagement territorial.

Deux perspectives d'avenir et d'espace s'affrontent : ceux qui désirent appliquer la vision urbanistique de Roger Anger, les 11 lignes de force du plan en spirale avalisé par Mère et les opposants réfractaires au béton qui affirment «que personne ne vivra dans des immeubles à 1200 résidents, tous de civilisations différentes dans un milieu tropical qui implique l'air conditionné en permanence pour couvrir la pollution sonore, que l'on doit réduire la voilure et qu'il est urgent d'attendre d'autres matériaux, d'autres visions architecturales car Mère aujourd'hui ne bénirait point un projet fondé sur les barres que toutes les villes européennes détruisent à grand renfort de dynamites ou de bulldozers ! »

Les premiers sont dans la foi, espèrent une cité approchant les 50 000 âmes, c'est-à-dire l'application stricte des projets de Mère. Ils considèrent que le plan en galaxie, d'après une photo de la NASA publiée par l'Ashram[87] lors de la fondation de la ville, fut à l'origine de nombreux départs vers Auroville. Les « écologistes » estiment que Roger a découvert le cliché tardivement... Et de toute façon, Roger et Mère ayant disparu, il est malaisé de ressusciter un projet trop ancien. Les constructeurs se réfèrent aussi à l'astrologie qui a droit de cité ici. Je cite Fanchon Pradalier-Roy : « ...Nous quittons l'ère du Poisson pour celle du Verseau. Le plan galactique est vraiment une rupture de la vision héliocentrique du monde depuis la Renaissance pour la Voie lactée... » Alors la ligne de force ne serait plus cette barre qui effraie mais la première pierre de l'ère du Verseau ?

---

[86] Mais il est impossible de voir le projet futur, les responsables exigent des mails pour tout rendez-vous et tout se termine souvent par une fin de non- recevoir. Alors le chercheur repasse par le type d'enquêtes dit « papillons » et recueille de-ci de-là quelques bribes de savoirs que l'on veut bien lui accorder.

[87] Roger Anger a précisé qu'il n'entendit pour la première fois ce terme de Galaxie qualifiant le plan de la ville que beaucoup plus tard lorsque Mère l'informa d'une visite d'une jeune américaine qui lui avait apporté une photo de la galaxie prise par la NASA et qu'elle l'avait comparé au plan d'Auroville (Anupama Kundoo, page122).

Les Auroviliens les plus modérés nuancent leurs propos.

« Mais alors, que cette barre soit innovante[88], avec la nouvelle technologie du verre filtrant qui éviterait l'air conditionné, une architecture harmonieuse et hardie qui rappellerait le talent de Roger et surtout un enracinement conséquent dans le sol rendu instable par une faille proche qui nécessiterait le savoir-faire japonais (fondations sur vérins hydrauliques). Alors un compromis serait plus aisé !! ».

Les « jusquauboutistes » ne veulent rien concéder et proposent de petits immeubles noyés dans les parcs ; d'autres imaginent une tour triangle[89] de petite taille qui serait un hommage à Sri Aurobindo, assez proche du Matrimandir, où le verre et les matériaux nobles seraient présents et qui serait consacrée aux Anciens désireux de se rapprocher du centre ainsi qu'aux nouveaux arrivants pressés d'appliquer le premier segment du triple yoga, c'est-à-dire l'aide à son prochain.

Quoiqu'il en soit, il faudra densifier et construire en hauteur car la cité ne comprend que 20 km². Les Auroviliens qui ont mis selon Chamcar « une dizaine d'années et un dernier meeting de 9 heures pour entériner le choix de Mère vers les disques d'or que certains trouvaient clinquants » devront une fois de plus faire appel à celle-ci pour qu'elle leur inspire là encore les bons choix.

Vision et représentation

Comment les Auroviliens sont-ils perçus par les gens de l'extérieur, les gens de « l'outland » ? Comment voient-ils le monde qui les ignore, les Tamouls qui les côtoient et les visiteurs qui les observent et participent à la vie de la cité ??

---

[88] En réalité la maquette de cette ligne de force sise à Citadines n'est pas déplaisante. On y trouve des puits de lumière, de la verdure et la prise au sol est moins impressionnante que la coupe de la cité future exposée à Town Hall. Même une seule ligne de force réunie à l'anneau bleu du lac futur donnerait l'impression d'une comète toujours en orbite autour d'un système solaire mais qui elle, ne meurt jamais.

[89] Cf. annexe 4.

N'oublions jamais que les pionniers arrivés avant 1968 ou un peu après n'ont pas connu les révolutions de cette année cruciale que ce soit en France, en Tchécoslovaquie, en Espagne et même aux USA avec les passeports brûlés par ceux qui ne voulaient pas servir au Vietnam. En revanche, ces enfants européens ont connu la violence et les privations des sociétés d'après-guerre en pleine reconstruction, populations qui subissent longtemps et réagissent par de violentes manifestations sociales. Ils ont connu les privations de ces classes d'âge nées pendant la guerre (1940-45) puis une impression d'être en trop comme les classes d'âge nées après 1946 (880 000 naissances !!) jusqu'en 1955 voire 1960. Face à un corps enseignant autoritaire et dépassé, ils ont subi l'humiliation des notes (surtout les mauvaises), l'arrogance des instituteurs et des professeurs, la sanction des entrées en 6ème discriminatoires (à 11 ans !!), l'écueil de brevets inutiles et surtout pour les Français le couperet des deux bachots (3 à 5 % d'une classe d'âge reçus par an !), seul accès à l'université ou aux classes préparatoires. A part les USA où le baccalauréat est moins sélectif, tous les jeunes gens des pays européens et asiatiques ont souffert de cette hyper-sélection durant cette période dite du « dollar gap » et offrent le même profil. On comprend mieux le taux d'échec, le découragement d'enfants intelligents flingués en plein vol par des éducateurs ignorants ou des parents traumatisés par la guerre ! D'où cet intérêt de Mère pour l'éducation et son approche pédagogique toute nouvelle, moins corsetée, que ce soit dans l'attitude des enseignants ou la conception des bâtiments[90].

Aussi ces pionniers un brin révolutionnaires étaient-ils prêts, dans le sillage de Mère, à subir des privations, un labeur difficile mais dans la fraternité, prêts à rencontrer leur être psychique et à le faire grandir. Dans la difficulté, ils ont grandi mais le basculement vers l'individualisme, la différence de biens entre les chefs d'entreprises qui ont réussi et les autres ont fracturé la belle unité des débuts. Aussi, peu à peu, bien qu'étant seulement 1500 adultes, ils se sont hiérarchisés par les revenus comme toute société individualiste. Attention, ce

[90] La Last School (premier bâtiment) de Roger Anger fut peut-être l'édifice qui exprime le mieux cette nouvelle liberté du maître et de l'élève.

n'est pas l'arrogance du parvenu face à celui qui n'aurait que sa maintenance ! Non ! Ce sont des détails, des vêtements plus luxueux, des voyages dans les pays limitrophes entre responsables d'entreprises et élus de comité, bref, tout ce qu'il faut pour que l'apprenti asoura y soit.

Cependant, tous veulent être reconnus, même ceux qui n'ont pas grand-chose à montrer, juste leur titre d'Aurovilien. Oui, un seul L, ça permet de gloser 5 minutes. Mais au fait, Mère usait-elle de ce titre soi-disant prestigieux ? Non ! pour séjourner à Auroville il faut être le *serviteur volontaire de la Conscience divine*. Il est indubitable que se présenter sous le sigle SVCD, ça claque moins que de s'annoncer Aurovilien, porteur de l'histoire commune, impliquant à la fois une résidence, mais aussi l'appartenance à une tribu, une nation universelle qui rappelle leur lien indéfectible avec sa créatrice. La SAS l'avait bien compris puisqu'elle déclarait dans son injonction du 2 décembre 1975 que « l'expression vague d'Auroviliens n'a nulle place dans les documents légaux. » Ah ! Le poids des mots ! La Society retirait ainsi à ces pauvres Auroviliens déracinés mais vigoureux le seul titre dont ils pouvaient se parer : leur patronyme qui les unissait depuis 1968.

La culture du meeting a forgé leur caractère, amenant les moins conscients à tout contester sans discernement. L'usage de l'anglais a donné une plus-value pour les moins armés même s'il leur a fallu 30 ans pour assimiler une grammaire basique. Le maniement expert de la moto (vanité mineure !) a dégagé un type d'Aurovilien(ne) qui heureusement ne perdure jamais. Mère ramène vite à la raison (incidents corporels, galères multiples) ces frimeurs qui croient éblouir par leur look aux bottines rougies de terres ferrallitiques les malheureuses guests suffisamment naïves pour tomber sous le charme de si médiocres appâts. Enfin, même si ce type[91] d'individus persiste d'année en année, ce ne sont jamais les mêmes car femmes et hommes évoluent puisque le changement est la raison d'être d'Auroville.

---

[91] D'autres traînent de café en restaurant, histoire de raconter leurs sempiternelles anecdotes personnelles, heureusement à un public toujours renouvelé.

On comprend mieux la réputation sans taches des « greenbelters » toujours en activité, toujours au taquet, toujours à planter, butter, élaguer dans leur forêt et parcs respectifs dont ils sont les pères putatifs. Leur panache est tel que certains romanciers auroviliens s'identifient à eux ! que d'autres sur leur vélo, tundu en tête en guise de costume, leur voue secrètement une admiration muette !

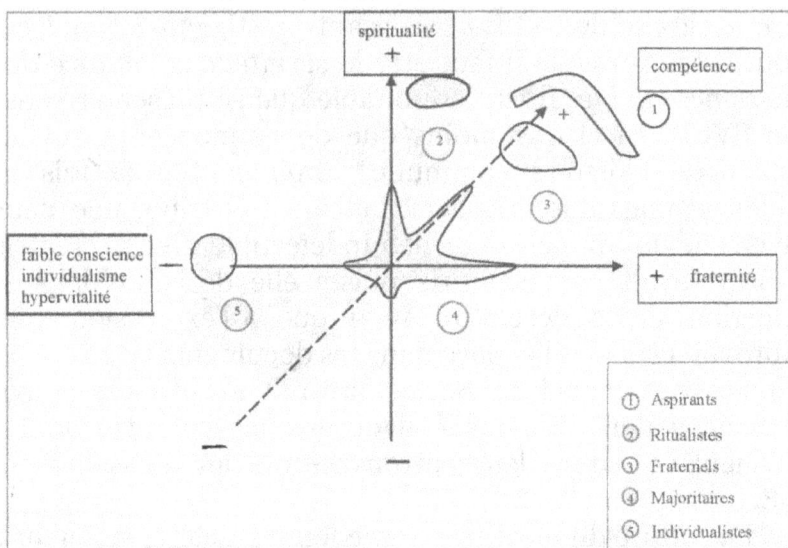

Fig. 6 : Esquisse de typologie de la population aurovilienne.
(conception JL Guébourg)

Commentaire du graphique (fig. 6) :

En définitive, sur une centaine d'enquêtes et d'interviews en fonction de deux critères majeurs, la spiritualité et la fraternité – qui font sens dans cette posture économique – se dessinent 5 groupes d'Auroviliens. Le premier groupe, les Aspirant(es) qui ont eu cette énorme « aspiration envers le Divin » depuis leur arrivée et ont eu l'expérience et la vision de leur être psychique. On peut adjoindre à ce groupe les enfants à partir de l'âge de raison et la majorité des adolescents s'ils ne sont pas tombés dans une opposition spirituelle passagère. Derrière eux, les Ritualistes correspondent à ceux qui veillent sur le Matrimandir, jardiniers et gardiens qui ont « abandonné leur ego », ont déserté les meetings et se consacrent au Divin. Ces derniers, ancrés dans une sâdhanâ difficile, ont perdu poids et pilosité. Bien qu'ils s'expriment peu, certaines de leurs paroles semblent inspirées... Un troisième groupe est formé des Fraternels, entrepreneurs, bâtisseurs, forestiers, chercheurs-créateurs, ceux qui contribuent fortement au Fonds en toute honnêteté, qui sont davantage ancrés dans le réel mais aussi fortement imprégnés de fraternité et d'altruisme. A l'autre bout de l'ordonnée se regroupent les Individualistes, les tartuffes, les hyper-vitaux, les parasites[92] de tous poils qui critiquent sans vergogne Auroville et leurs congénères. Au cœur, le centre, les majoritaires dont les accès fraternels, compétents ou spirituels dépendent uniquement de leur niveau de conscience et qui devraient se réduire avec le temps pour accéder vers les trois premiers types.

Comment les Auroviliens sont-ils perçus par l'extérieur ?

En définitive, l'image générale véhiculée perçue par les autres laisse apparaître « des Auroviliens assez fiers d'être les élus de l'Innerland (20 km²) dans un espace rendu unique par le Matrimandir et qui ont le devoir de porter au monde, à l'Outland, un modèle de vie et un message spirituel. »
Si l'on procède par cercles concentriques, nous partons des villages adjacents qui par migrations pendulaires animent la cité dans les usines et dans l'emploi à domicile. Les rapports y sont excellents. Puis l'on passe à l'Etat du Tamil Nadu qui respecte Mère et Sri Aurobindo, et à part l'emprisonnement de quelques jours à Velipuram dans des geôles sans fermetures (les prisonniers eux-mêmes ont dû acheter les cadenas et les singes les mataient à travers les barreaux !), les rapports sont détendus. Ils le sont moins entre décembre et mars avec, durant le week-end, les descentes de jeunes hommes de Pondichery tout excités par les jeunes femmes occidentales et que les watchmen ne peuvent filtrer. Quant à l'Etat central, tout dépend du Premier ministre car une loi gouverne

---

[92] Toujours masquées et discrètes, les émanations d'êtres négatifs viennent se gonfler d'énergie et de lumière lors de l'arrivée en nombre des visiteurs.

Auroville, et son sentiment ou son humeur peuvent jouer sur la durée des visas en fonction des liens inter-Etats. Ainsi les visas de 6 mois pour les touristes français ont été réduits systématiquement à 3 sauf justification auprès des consulats. Un certain nombre de lois restrictives, comme la création du visa-conférence pour les touristes désirant faire des stages, inquiète quelque peu. Heureusement, en Inde une loi chasse l'autre. La disparition de grands amis d'Auroville et de Mère comme Kireet Joshi ou Jehangir Tata est un manque indéniable pour la cité.

Quant au reste du monde il se fait bien discret comme le prouve le faible succès des pavillons. François Mitterrand à ce jour était le seul président qui avait quelques lueurs sur Auroville, avec l'autorité religieuse tibétaine en exil, le Dalaï Lama. C'est la triste réalité d'un monde devenu laïque car aucun gouvernement de droite comme de gauche ne désire investir dans un groupe aussi faible que beaucoup d'ignorants qualifient de secte et qui, indubitablement, ne sera jamais une réserve de voix. Que faire contre ces évidences douloureuses ? Mère disait de regarder quoi qu'il en soit la vérité en face. Le contexte n'est guère favorable mais il peut le devenir !! Avant 1973, Mère encourageait les Auroviliens. On peut aisément imaginer ses paroles : « Continuez, ne lâchez rien, travaillez sans relâche, espérez, unissez-vous et votre image s'améliorera immédiatement. Ne soyez pas vindicatifs avec les nouveaux arrivants ou les malheureux guests qui osent écrire des faits qui ne vous plaisent point ! Vous avez vaincu l'extérieur, la Society, maintenant il s'agit de gagner le combat intérieur et tout s'éclairera. »

Et le visiteur, quel est son sentiment ?

D'abord tout visiteur (guest) abordant la cité est ébloui par le Matrimandir et très vite il distingue un zoning à 3 niveaux, de l'espace sacré central où règne le silence à la périphérie bruyante du monde, heureusement tempérée par les forêts de la Green Belt. Les premiers jours, le visiteur marche à pied puis en scooter ou rickshaw entre Visitors Centre, Solar Kitchen et Bharat Nivas ou pour les plus dynamiques, à la recherche de lieux de stages. Certains se risquent assez vite à Kuilapalayam pour y découvrir les échoppes, les bijoutiers, les cafés, la bakery (boulangerie) et le second « Pour Tous », puis un peu plus tard se hasardent sur les chemins creux et les raccourcis forestiers. Les contacts se font au gré des rencontres avec Tamouls ou Auroviliens et, pour ceux qui ont des blocages en anglais, avec les visiteurs de même nationalité. Le bilan des enquêtes est souvent contradictoire. On distingue les enthousiastes, que ce soient les volontaires qui financent leur voyage pour travailler gratuitement ou les retraités qui font de savants calculs pour venir s'installer 6 mois en réduisant leurs impôts dans un cadre tropical incomparable, loin des froidures continentales. Les autres espèrent un déclic spirituel et multiplient les rencontres avec les pionniers qui ont connu Mère pour en quelque sorte récupérer une manne psychique. En général, ils sont déçus, leur aspiration personnelle n'étant pas assez forte et les stations dans les pétales du Matrimandir n'ont pas vraiment changé leur caractère. Mais les plus courageux reviendront et liront davantage les ouvrages de Mère ou de Sri Aurobindo qui les effraient encore. Les jeunes filles romantiques emportent avec elles quelques onces de terre rouge ferrallitique qui rappelle tant ce film tiré du roman de Margaret Mitchell « Autant en emporte le vent » tourné en 1939. L'héroïne Scarlet O'Hara, dévastée par le départ brutal de Rhett Butler, se dit que néanmoins elle possède la terre rouge de Tara et que celle-ci le fera revenir. Qui a touché la terre rouge d'Auroville, qui en a ressenti l'énergie est marqué à jamais et tôt ou tard y reviendra.

Conclusion

Spiritualité, espace, histoire et choix économique, donc de société sont fortement imbriqués sur le territoire rêvé et réalisé par Mère. Il est cependant possible de suivre les atouts puis les étapes du développement de la cité à travers quelques faits remarquables voire irréels que l'esprit commun dénomme hasard.

La ville de l'Aurore est née douze ans après la descente du Supramental le 29 février 1956, année bissextile. Or ce mois du verseau de 29 jours qui a précédé cet évènement a vu s'abattre le froid le plus intense du siècle voire du millénaire, durant 28 jours (du 1er au 28 à minuit) comme si la froidure devait balayer les miasmes du monde entier pour recevoir la Lumière et la force Divine !

Lorsque Mère désigne le Banyan, centre géographique de la cité sur un plateau diversifié, personne n'imagine – à part elle qui a la Vision – qu'il existe dans le sous-sol trois nappes aquifères d'eau douce, gage de prospérité future. En outre, le biseau salé d'eau de mer touche les zones périphériques de la cité, transformant les puits en eau saumâtre sauf un seul secteur, celui d'Auroville.

La ville de l'Aurore, née d'un rêve de Mère et du Seigneur, donc pérenne par essence, a dû se réaliser sans elle ! Pourtant, le concept de l'idée de « Pour Tous » en 1972 l'a rendue « fort joyeuse » (Claire Fanning) car elle y décelait l'embryon d'une économie fraternelle. Malheureusement, sous la contrainte des réalités, cette économie fraterno-collectiviste devint rapidement individualiste lorsque les premiers salaires furent versés aux Auroviliens. Un léger retour vers la fraternité se cristallise en 2006 autour du PTDC et de la Solar Kitchen mais les tentacules souterraines et néfastes du profit comme ceux de la réussite individuelle planent toujours sur la société de l'Aurore.

L'affrontement avec la Sri Aurobindo Society a fait grandir les jeunes Auroviliens car cette loi de 1988 rédigée en deux jours et votée par les deux chambres du parlement à l'unanimité juste avant la fin de la session souligne l'intérêt de l'Au-delà pour Auroville.

Auroville est une cité-laboratoire, pas une utopie. Mère n'usait jamais de ce terme car une utopie n'est jamais pérenne. Certes, ce n'est pas la Silicon Valley, les chercheurs de la cité de l'Aurore ne peuvent éblouir le monde par le niveau bien modeste de leurs découvertes mais patiemment, avec la volonté qui caractérise les plus compétents, elle deviendra le carrefour d'une société harmonieuse axée sur l'amélioration du quotidien, le respect de la nature, de la santé de chacun.

Cependant, l'avenir d'un endroit reflète les choix des ressortissants. Auroville est un laboratoire de l'évolution, un endroit où l'on cherche car un lieu de recherche ne prend son sens que si l'on teste à l'extérieur ce que l'on expérimente à l'intérieur. Auroville est un espace de créativité, un croisement des idées de tous les pays et ultérieurement on peut rêver d'une unité scientifique avec un embryon d'université populaire, c'est-à-dire ouverte à tous (spiritualité, droit, lettres et sciences), pas celles que l'on voit en Amérique ou en Europe mais un lieu où chacun avec son projet trouverait les compétences nécessaires pour le rendre efficace en améliorant le concept. Aqua Dyn avec la créativité de Bhagwandas ou le rickshaw électrique ne sont que des exemples remarquables mais isolés qui devraient à l'avenir se multiplier. Il faut bien l'admettre, Auroville occupe peu à peu un rôle envié de société modèle unique au monde !!

Pour celui qui a le don de distinguer les auras, il est possible de voir depuis Pondichery une vaste cape rose, lumineuse qui recouvre la cité délimitant le domaine de Mère. Elle insuffle son énergie à tout ce qui vit dans cet espace clos appelé à grandir, à se fortifier, à essaimer peut-être, surclassant ces grands monastères d'Asie ou ces grandes abbayes européennes, distillant une sincérité sans faille envers le Divin à travers un savoir sans cesse renouvelé.

Essayons maintenant de nous projeter dans un avenir semi-proche, soit 3 ou 4 générations, peut-être plus, peut-être moins. Pondichery, malgré des mesures familiales d'espacement des naissances, approcherait les 2 millions d'âmes ! Chennai, les 9 millions ! Auroville, de plus en plus enserrée entre ces deux centres urbains, évitera l'intégration grâce à son hub international sur la bordure du marais de Kaluvelli et son wharf visionné par Mère qu'elle partagera avec Pondichery sur un terrain commun devenu port de croisière et lieu de rendez-vous de la jet set car la spiritualité sera devenue très tendance en cette fin de siècle !! Cet engouement verra fleurir les pavillons internationaux rivalisant de beauté et d'originalité, les consuls réclamant à cor et à cri l'espace qui leur est dû et qu'ils avaient délaissé durant des décennies.

La cité sera d'une beauté légendaire. Vu des satellites de basses altitudes, on apercevra les 4 coulées vertes séparant les 4 sections immuables de Mère rappelant ses 4 visages (cf. chorême, annexe 6). Autour du Matrimandir, le lac polylobé avec ses plantes aquatiques rares a fait connaître Auroville à travers le globe. Son précieux contenu sans cesse renouvelé alimente la cité grâce à un système de dessalement d'eau de mer breveté par Michael Bonké et ses héritiers. Les chercheurs de toutes les nations se regrouperont sur le site d'Aspiration comme autrefois Steve Job dans sa vallée californienne. Auroville concurrencera les grandes firmes américaines, notamment dans l'élaboration du premier nano-ordinateur quantique, intégré et pliable, le Nanordi car son cortège de scientifiques venus du monde entiers sera motivé non par l'argent mais par le bien-être des Hommes. Aqua Dyn deviendra également un pôle phare de la cité car de jeunes poètes physiciens, barbus et chevelus auront découvert la formule vibratoire qui correspond à chaque individu et évitera toutes maladies à celui qui respecte son corps. Des trottoirs roulants desserviront les communautés qui seront toutes intégrées dans un arboretum qui rassemblera plus de 200 espèces. Celles-ci, communiquant entre elles par le réseau racinaire ou par les crypto-filaments des plantes saprophytes, développeront sans intervention humaine une majorité d'essences à racines pivotantes pouvant résister à des vents supérieurs à 200 km/heure, ce qui sera malheureusement l'héritage du réchauffement climatique.

Enfin, la première génération de surhommes auroviliens va apparaître doucement voire subrepticement. On ne les distinguera guère de leurs congénères ; ils ont juste la chevelure plus claire et légèrement orangée, les enfants bruns ayant uniquement quelques reflets cuivrés et mordorés dans les cheveux. Tous possèderont un corps hyper-résistant à toutes maladies et une durée de vie fort longue puisque l'incarnation de ces enfants implique la possession d'un être psychique total les délivrant de la mort – sauf s'ils le désirent – lorsqu'ils seront « rassasiés de jours ». Ils joueront un rôle non négligeable dans la « Grande Transition Démographique » (GTD) quand la population mondiale vieillissant, les Etats chercheront des cadres et des dirigeants actifs dans ce vivier. Alors le rêve de Mère sera accompli car les peuples se transformeront rapidement et pourront accueillir pleinement le Supramental sur une Terre enfin apaisée.

. .
.

Glossaire

Acre : unité de surface anglo-saxonne qui vaut un peu moins d'un demi-hectare.

Aurocards : cartes financières d'Auroville où l'on peut déposer 50 000 roupies par jour, payer hébergement, boutiques et repas sans toucher à l'argent.

Ceinture verte : Green Belt.

Entry Group : bureau des entrées où se rendent, un peu stressés, les impétrants guests qui espèrent un statut de newcomer.

Evapotranspiration : c'est la quantité d'eau transférée vers l'atmosphère, par l'évaporation au niveau du sol et par la transpiration des plantes. Elle se définit par les transferts vers l'atmosphère de l'eau du sol, de l'eau interceptée par la canopée et des étendues d'eau.

Forestiers : greenbelters.

Gossip : très beau terme anglo-saxon (eh oui !) qui signifie cancaner (*gossiper*).

Guest : visiteur.

Home-stay : hébergement chez l'habitant très bon marché ; en essor constant à Auroville.

Kripa : auditorium de qualité mais difficile à trouver donc il n'est jamais bondé.

Mantra : c'est une formule verbale dont les termes ont un pouvoir qui peut être créateur. Ce n'est pas seulement l'idée mais le son qui peut produire le plus beau poème spirituel. Le rôle du Mantra est de créer dans la conscience des vibrations.

Nappe phréatique : nappe d'eau qui se rencontre à faible profondeur.
Le niveau, la cote ou la surface piézométrique est l'altitude ou la profondeur (par rapport à la surface du sol) de la limite de la nappe phréatique et la zone vadose (zone non saturée du sol entre l'atmosphère et la nappe phréatique) dans une formation aquifère. Ce niveau est mesuré à l'aide d'un piézomètre.

Newcomer : nouvel arrivant, doit résider une année complète à Auroville.

PTDC : centre d'achat fraternel « Pour Tous ». Attention, les guests n'ont accès qu'à celui d'Aspiration ; aurocard obligatoire.

R/D : recherche et développement. Ce concept des années 80 a été véhiculé par les chercheurs de la vallée californienne où est né l'ordinateur personnel pour tous.

Sâdhanâ : voie ou cheminement spirituel.

SAS : Sri Aurobindo Society.

Sempervirent : forêt ayant des arbres à feuilles vertes toute l'année, ce qui implique un couvert végétal abondant dans une zone semi- tropicale.

Sols ferrallitiques : sols tropicaux, rougis par l'oxyde de fer (Fe_2O_3) et l'oxyde d'alumine.

Supramental : Sri Aurobindo appelle Supramental ou Gnose le dynamisme supérieur de l'existence spirituelle. Le Supramental est la parfaite conscience de Vérité, où il ne peut y avoir de place pour le principe de division et d'ignorance.

Son caractère fondamental est la connaissance par identité. Le Supramental possède, inhérent, un pouvoir dynamique d'auto-détermination et d'auto-réalisation qui voit et unifie tout.

Tapasya : effort spirituel, concentration des énergies par une discipline ou un processus spirituel ; pratique d'une discipline et généralement, d'austérités, dans un but déterminé.

Town Hall : centre administratif jouant le rôle de mairie ayant en son sein de nombreux services comme le Financial Service qui délivre les aurocards.

Yoga intégral : union avec le divin. C'est aussi une discipline par laquelle on cherche délibérément et consciemment à réaliser cette union ou, d'une manière plus générale, à parvenir à une conscience plus haute. Il existe 3 voies qui doivent se compléter harmonieusement pour l'impétrant : la dévotion au Divin, la connaissance et l'action. Sri Aurobindo insiste sur ce troisième volet, pilier indispensable pour que le Supramental embrase toutes les cellules et partant, les Hommes.

Bibliographie

I - BIBLIOGRAPHIE SPIRITUELLE

Sri Aurobindo a laissé une trentaine de volumes de proses et poésie traitant du yoga, de la philosophie, de la pensée sociale et politique, de la poésie et même du théâtre. Les plus lus :

Ilion, 1ère édition 1957.

« La manifestation supramentale sur la Terre », *Bulletin du Centre International d'Education*, 1949-50, 1ère éd. 1952.

La Synthèse des Yoga (3 volumes) : 1er volume complet 1955, vol. II et III en 1958. Traduction française entre 1972 et 1974, Buchet /Chastel.
A lire avec attention.

La vie divine, texte original paru dans la revue *Arya* entre 1916 et 1919 ; édition révisée traduite en français par Cristof Alward-Pitoëff, Sri Aurobindo Ashram, 2005.
Ouvrage philosophique de l'évolution humaine vers le Supramental. Fondamental.

« Le cycle humain », *Arya*, 1916-18, 1ère éd. 1949, réédité en 1973 en français.

L'Idéal de l'Unité humaine, Arya, 1915-18, 1ère éd. 1919, révisé en 1950, réédité en 1972 en français, Buchet/Chastel.

Pensées et aphorismes de Sri Aurobindo, 2 tomes, 1ère édition en français, 1975.
Excellent livre de chevet.

Savitri, 1ère édition 1950-51.
Poème épique non rimé, légende et symbole, épopée où Sri Aurobindo a exposé les divers domaines d'expériences mystiques par sa pensée philosophique, quelques éléments de sa vie intérieure. Incontournable.

Sri Aurobindo parle de la Mère, 1ère éd. 1953, Ashram Press.

Tous ces ouvrages sont régulièrement réimprimés par l'Ashram de Pondichery.

Mère

Entretiens de Mère 1929 (1ère éd. 1933).

Entretiens 1930-33, Aphorismes et Paradoxes (1ère éd. 1957).

Entretiens 1950-51, 1ère éd. 1957.

Entretiens 1953, 1ère éd. 1992.

Entretiens 1954-55 et 56, éd. 1968.

Entretiens 1957, 1ère éd. 1969.

Entretiens 1958, 1ère éd. 1972.

Les *Entretiens* sont régulièrement réédités par l'Ashram de Sri Aurobindo.

La voie ensoleillée, extraits des œuvres de la Mère.
Très accessible et rafraîchissant.

Les Agendas, 13 volumes (6000 pages) relatent jour après jour pendant 22 ans l'exploration de Mère dans la conscience du corps et sa découverte d'un mental « cellulaire » capable de réformer la condition du corps et les lois de l'espèce, aussi radicalement qu'il y a quelques milliers d'années les balbutiements d'un « mental pensant » ont transformé la nature des premiers Sapiens.

Mère parle d'Auroville, 100 pages, réédité sans cesse depuis les années 70.

Tous ces ouvrages sont régulièrement réimprimés par l'Ashram de Pondichery.

Les disciples et les proches

Cristof, *L'Aurore d'une vie nouvelle*, 283 pages, Sri Aurobindo Ashram, 2017.
La vie de Mère et de Sri Aurobindo racontée par un talentueux ashramite.

Leard Stuart, *Negotiating modernity: Habermas and the international township of Auroville (India)*, thèse de sociologie, Université du Saskatchewan, 2011.

Maggi Lidchi-Grassi, *Seconde Guerre mondiale : Sri Aurobindo et la Mère face aux forces noires*, première édition originale *The Light that Shone into the Dark Abyss*, S. A.

Ashram Publications Department, 1994 ; trad. française Editions Banyan, 2016.

Mohanty Bindu, *Integral Yoga, The spiritual ideals of Auroville*, All India Press, 2004.

Nirodbaran, *Douze années avec Sri Aurobindo*, Sri Aurobindo Ashram Pondichery, 1972.

Pavitra (Philippe Barbier Saint-Hilaire) : une biographie a été publiée sur ce polytechnicien discret et efficace. Introuvable.

Roy, D.K., *Sri Aurobindo Came to Me*, Ashram Press, 1959.

Sanjeev Aggarval, *The history of Auroville Schools*, 1968-84, ...

Satprem, *Sri Aurobindo ou L'aventure de la Conscience*, Buchet/Chastel, dernière édition mai 2007.

Satprem, *La genèse du surhomme*, Buchet/Chastel, 1974.

Satprem, *Mère* : t. 1 : *Le matérialisme divin*, t. 2 : *L'espèce nouvelle* ; t. 3 : *La mutation de la mort*, R. Laffont, 1977.

II - GEOGRAPHIE PHYSIQUE

P. Legris, *La végétation de l'Inde*, travaux de la section scientifique et technique, tome VI, 1963, Institut français de Pondichery.

Télédétection des forêts :
Le LIAG a une expérience de longue date sur la cartographie des écosystèmes forestiers. Depuis les années 1950, des travaux de cartographie forestière ont été réalisés au sein de l'institut et ont généré des cartes de référence sur la végétation de l'Inde au 1/1000 000 et au 1/250 000. Des travaux actuels au sein du LIAG, et en collaboration avec le NRSC, mobilisent ces anciennes cartes pour suivre la déforestation depuis les années 1950 et en évaluer les conséquences en matière d'émission de Carbone et de perte de biodiversité. De manière plus générale, le laboratoire s'intéresse à l'estimation de la biomasse

forestière, en appui des politiques du climat et de la mise en œuvre du programme sur la réduction des émissions dues à la déforestation et à la dégradation des forêts (REDD). Le LIAG à notamment diffusé ses résultats en 2015 lors d'événements organisés dans le cadre de la COP21 (e.g. Regional Forum on Climate Change, Bangkok). Les recherches, en collaboration avec l'UMR AMAP (Montpellier), L'ESIL (Marseille), le CESBIO (Toulouse) et le NRSC (Hyderabad) se concentrent sur l'étude des relations entre structure et fonctionnement des forêts ainsi que sur les problématiques de changement d'échelle. Le LIAG s'intéresse en particulier à la caractérisation 3D des structures forestières à partir de mesures laser terrestres et aéroportées. Ces travaux sont soutenus par la thèse de Jules Morel, débutée en 2013 (financement IFP) et par le travail d'Ariane Tanguy, volontaire internationale sous la responsabilité de Maxime Réjou-Méchain. L'année 2015 a vu l'ouverture de ce programme à de nouveaux partenaires de l'Asie du Sud, comme l'Asian Institute of Technology (Thaïlande) ou l'Université nationale de Singapour avec qui des projets débuteront en 2016 et 2017.

Risques naturels en zone côtière, gestion de l'eau :
Ces travaux ont été initiés dans le cadre de la thèse de G. Muthusankar, soutenue en 2011, sur les problématiques d'inondations sur les côtes du Tamil Nadu. Ils se poursuivent en collaboration avec l'université Bharathidasan de Trichy et visent *in fine* à développer une stratégie permettant de minimiser les risques d'inondations. Un projet visant à étudier les capacités de stockage de carbone des mangroves le long de la côte Est de l'Inde a également été déposé en collaboration avec cette université. Parallèlement, une collaboration avec Audrey Richard-Ferroudji, responsable du département de sciences sociales, est née à travers un projet visant à analyser la dynamique spatiale de l'occupation des terres et de la gestion de l'eau dans un village test (Sorapet) avec des outils de géomatique et de télédétection (IFP 2015).

Aude Vincent, sous la direction de Sophie Violette, *Hydrological and hydrogeological study of the coastal sedimentary basin of Kaluvelli-Pondichery (Tamilnadu, India)*, Thèse Université Pierre et Marie Curie, Paris 2007.
Excellentes cartes.

Collectif, *Pre-feasibility Studies on Water management*, Auroville future research and studies, avril 2003, 209 p., nombreuses annexes, cartes et croquis couleur.
Un peu trop projeté vers le futur.

Olivia Aubriot, « Baisse des nappes phréatiques en Inde du Sud : forte demande sociale et absence de gestion de la ressource », *Géocarrefour, RGA,* 2006, 81 (1), p. 83-96 <hal-01053927>

III - HISTOIRE ET ECONOMIE

Alain Bernard, *Comment est née la loi de la fondation d'Auroville,* les conférences du pavillon de France, 23 janvier 2010.
Ouvrage essentiel pour la compréhension des rapports complexes entre Auroville et la S.A.S.

Anupama Kundoo, *Roger Anger : recherche sur la beauté, architecture, 1953-2008,* Jovis 191 pages.

Bhagwandas, « Auroville, une cité galaxie pour la Terre » in revue *Sacrée Planète,* n°67, janvier 2015.

Claude Arpi, *Les derniers mois avant l'indépendance de l'Inde,* 2005, 68 pages.

Dominique Darr, *Matrimandir, un hymne aux bâtisseurs du futur,* 2014.

Fanchon Pradalier-Roy, *L'évolution d'Auroville et son rôle dans l'ère du Verseau,* Les conférences du Pavillon de France, 26 février 2015, 45 pages.

Georges Van Vrekhem, *Au-delà de l'espèce Humaine,* Auroville, éd. Latin-Pen, 477 pages.

Henk Thomas and Manuel Thomas, *Economics for people and earth : The Auroville case, 1968-2008,* Auroville Social Research Centre, 2008.
De nombreuses analyses pertinentes et chiffrées avec beaucoup d'approximations qui s'arrêtent malheureusement en 2008. Les exemples sont uniquement choisis dans les entreprises d'obédience anglo-saxonne.

Jayagandhi, *History of Auroville*, 2015 (cote hist 3449)
L'organigramme administratif d'Auroville.

Jean-Claude Paris, *La quête de la cité idéale, exploration aux sources de l'utopie*, Les conférences du pavillon de France.

La feuille hebdomadaire *News and Notes* présente en fin de revue 2 ou 3 pages sur les performances économiques de la cité de l'Aurore.

La revue d'Auroville, numéro 45, décembre 2017.

« La seconde vie d'Aqua Dyn », in *La revue d'Auroville*, numéro 44, page 13, juin 2017.

Mirabile Paul, *Periyapuranam ou l'éternel moyen-âge*, 199, Auroville, voie itinérante, 435 p.
C'est une grande légende locale. Shiva a la gorge gonflée du venin du grand serpent ; la substance shivaïte rend possible la nature ambivalente du serpent ; ce que le saint médiéval ne reconnaît pas c'est « l'entre-deux », geste étranger aux hommes et aux dieux médiévaux ; toutes les paroles du barde passent de l'une à l'autre. Or l'entre-deux est l'équilibre le plus trompeur de Shiva tantôt créateur, tantôt destructeur ; c'est aussi l'équilibre entre l'Homme qui atteint Dieu ou Dieu qui atteint l'Homme (cf. chapelle Sixtine). Au Moyen-âge il n'y a ni forme ni son qui s'inscrit dans l'entre-deux : le Héros évacue violemment l'entre-deux et peut bâtir sa propre légende, que ce soit Roland à Roncevaux, les Bâtisseurs de cathédrales, Gapurem.

Retournements : les débuts d'Auroville vus de l'intérieur, Auroville Press, 2009.

IV – ROMANS

Bernard Delambre (Janaka), *Trois vies, itinéraire d'un Aurovilien*, Editions Brihat, 2011, 450 pages.

Julien Fortin, *Carnets indiens*, Paris (39 rue Roney), 2014.

V – CARTOGRAPHIE

« Map of Auroville Area » (carte de localisation).
N'est pas à l'échelle mais donne une localisation des 80 communautés, des principales guest-houses et home-stays, ainsi qu'une cartographie non régulièrement mise à jour des routes et des chemins. Ce document est indispensable à tout visiteur.

Annexes

Annexe 1A : La Charte d'Auroville

« Nous la voyons encore juchée sur un petit tabouret en train d'écrire la charte, armée d'un grand parchemin et d'un feutre trop épais qui faisait ressembler son écriture à des caractères cunéiformes... se souvient Satprem. « Je ne mets pas de solennités », prévenait-elle en se retournant à demi vers nous (et il y avait toujours cette petite malice amusée dans ses yeux)... Et elle écrivit en français :

La Charte d'Auroville :

1 Auroville n'appartient à personne en particulier. Auroville appartient à toute l'humanité dans son ensemble. Mais pour séjourner à Auroville, il faut être le serviteur volontaire de la Conscience Divine.

2 Auroville sera le lieu de l'éducation perpétuelle, du progrès constant, et d'une jeunesse qui ne vieillit point.

3 Auroville veut être le pont entre le passé et l'avenir. Profitant de toutes les découvertes extérieures et intérieures, elle veut hardiment s'élancer vers les réalisations futures.

4 Auroville sera le lieu des recherches matérielles et spirituelles pour donner un corps vivant à une unité humaine concrète.

RQ : Quand elle eut fini de rédiger la carte, la Mère dit également en descendant du tabouret : « Voilà. Ce n'est pas moi qui ai écrit cela... mais j'ai remarqué que quand ça vient, c'est impératif, il n'y a pas de discussion ; je l'écris, je suis obligée de l'écrire quoi que je fasse... par conséquent, c'est évident que cela ne vient pas d'ici : ça vient de quelque part là-haut.

Annexe 1B : Les principes d'organisation de la cité

1 Qui a pris l'initiative de la construction d'Auroville ?
Le Seigneur Suprême.
2 Qui participe au financement d'Auroville ?
Le Seigneur Suprême.
3 Si l'on veut vivre à Auroville, qu'est-ce que cela signifie pour soi ?
Essayer d'atteindre la perfection suprême.
4 Doit-on être un étudiant du yoga pour pouvoir vivre à Auroville ?
Toute la vie est un Yoga. Ainsi on ne peut pas vivre sans pratiquer le yoga suprême.
5 Quel sera le rôle de l'ashram de Pondichéry à Auroville ?
Ce que le Seigneur Suprême voudra qu'il soit.
6 La vie de famille continuera-t-elle à Auroville ?
Si on en est encore là.
7 Peut-on conserver sa religion à Auroville ?
Si on en est encore là.
8 Peut-on être athée à Auroville ?
Si on en est encore là.
9 Y-aura-t-il une vie sociale à Auroville ?
Si on en est encore là.
10 Y-aura-t-il des activités communautaires obligatoires à Auroville ?
Rien n'est obligatoire.
11 Y-aura-t-il une circulation d'argent à Auroville ?
Non. C'est seulement avec le dehors qu'Auroville aura des relations d'argent.
12 Comment sera organisé et réparti le travail à Auroville ?
L'argent ne serait plus le souverain seigneur ; la valeur individuelle aurait une importance très supérieure à celle des richesses matérielles et de la position sociale. Le travail n'y serait pas le moyen de gagner sa vie mais un moyen de s'exprimer et de développer ses capacités et ses possibilités, tout en rendant service à l'ensemble du groupe qui, de son

côté, *pourvoirait aux besoins de l'existence et au cadre d'action de chacun.*

13 Qui sera propriétaire des terrains de constructions ?
Le Seigneur Suprême.

14 En quelles langues l'enseignement sera-t-il donné ?
Dans toutes les langues parlées sur la terre.

Annexe 2 : La légende du sanyasin d'Irumbai
(d'après un auteur inconnu, Julien Fortin et Jlg)

Irumbai, ce petit village proche d'Auroville, était autrefois un petit royaume, avec un monarque débonnaire et avisé qui se nommait Suresh. Il vit débarquer un beau matin un sanyasin qui s'assit en tailleur sous un banyan pour y méditer. Les villageois se réjouirent de sa présence toujours bénéfique pour la communauté. Or les conséquences ne furent pas celles espérées ; le royaume avait toujours été fertile et cette année-là, la sècheresse fut terrible, la mousson avait oublié Irumbai !! Les plantes une à une se desséchaient et aucun nuage n'entamait la morsure du soleil. Le ciel était sec. Quelle offense, quelle faute ces pauvres paysans hantés par la famine avaient-ils commises ?

Soudain l'un deux se souvint de la présence du saint homme en forêt. Il aurait une explication et qui sait une solution peut-être ? Le roi Suresh envoya une délégation avec des cadeaux portés par ses trois principaux conseillers. Mais devant l'arbre où méditait le sanyasin il n'y avait qu'une termitière dressée comme un temple ! Où était-il ? Les trois hommes firent plusieurs fois le tour de l'arbre, s'assurèrent avec les villageois appelés à la rescousse que c'était le bon banyan et ils se rendirent à l'évidence : les insectes avaient profité de l'immobilité de l'ascète pour le recouvrir de terre rouge devenue rapidement compacte comme de la brique.

Mais en s'approchant de l'édifice monumental les villageois durent reculer, une chaleur intense inhérente à la tapasya se dégageait de la termitière. L'ascète avait atteint un tel niveau de concentration qu'il rayonnait d'une énergie capable à terme non seulement d'assécher l'arbre qui donnait déjà des signes de fatigue mais aussi la forêt entière voire la contrée !! Les responsables conclurent qu'il fallait tirer le cénobite de son ascèse mais personne ne voulut le faire car son courroux serait fatal à celui qui s'y risquerait.

Le roi Suresh réunit ses conseillers et décida sur la proposition de l'un deux d'envoyer une jeune fille accorte auprès de l'ascète car tout saint homme qu'il fût, il n'en était pas moins homme. Or la plus belle femme du petit royaume répondait au doux nom de Sunja-Verathi mais ses proches n'usaient que la moitié de son patronyme et se contentaient de Sunja. Informée du stratagème royal, elle se mit à pleurer car elle craignait d'être foudroyée par ce disciple de Shiva, le Dieu destructeur et sans pitié qui n'avait pas hésité à couper la tête de son fils Ganesh dans un mouvement d'humeur ! Mais le roi, déjà en posture colérique face à une jeune fille qui contestait ne fût-ce que par un gémissement son autorité, lui administra deux gardes qui devaient dès l'aurore suivante la mener face à la termitière qui recouvrait le vieil homme.

Le lendemain matin, avant l'arrivée de la soldatesque elle se parfuma, enfila ses bracelets d'or et son sari émeraude alors que sa mère lui préparait un déjeuner qu'elle savait être le dernier. Quand sur une superbe feuille de bananier elle lui apporta des idlies fumants et un papadam, elle vit soudain dans les yeux de sa fille ce regard malicieux qu'elle lui connaissait bien et fut rassurée ; Sunja avait une idée, opinion confirmée lorsqu'elle vit sa fille prendre rapidement congé, toute guillerette, en houspillant les deux gardes. Cependant, pour plus de sûreté la vieille femme se déplaça vers le temple familial pour honorer le lingam de Shiva de fleurs, de jasmin et de parfums.

A 100 pas de la termitière, Sunja imposa le silence à ses gardes et s'approcha de son pas léger de cette majestueuse construction qui enserrait le vieillard. Elle repéra un orifice un peu plus large au sommet de l'édifice et y glissa doucement quelques miettes de papadam pour ne point alerter les défenseurs de la termitière et les mettre en effervescence ce qui aurait pu alerter le sanyasin ; puis elle lança à la chiourme un « à demain » qui les laissa interdit. Les deux sbires la laissèrent filer et se hâtèrent de faire leur rapport au roi Suresh. Il gratta lentement son crâne dégarni et déclara aux deux sbires qu'ils obéissent à Sunja mais qu'ils la préviennent solennellement qu'elle n'aurait que le temps d'une lune pour appliquer son stratagème si toutefois il y en avait un.

Il faut vous dire que les termites, ennemies des fourmis, sont assez bien vues en pays tamil pour un certain nombre de raisons. D'abord en cas de famine, mais uniquement en ces cas extrêmes, les paysans peuvent en faire griller les larves qui ne sont pas si mauvaises et certains s'en délectent à l'insu de tous, même durant les périodes de bonne récolte. Ensuite la termitière, surtout pointue, représente le pendant féminin du lingam et aucune femme tamoule ne détruira une termitière. Très vite pour un accouchement sans douleur, les femmes enceintes se sont mises à suçoter des morceaux de termitière, la loge de la Reine étant le morceau le plus recherché. Les villageoises mordues par un serpent ou piquées par un scorpion s'emparaient d'une motte et se la trimballaient 8 jours sur la tête. Tout ça pour dire que le geste sibyllin de Sanja n'attirait guère le questionnement masculin, tout ce qui relevait de la termitière et des femmes touchait à la magie et comme en magie la Lune est reine, le roi lui avait donné ce laps de temps pour affronter le sadhu. Mais personne dans le village ne comprenait le sens du geste de la jeune fille.

Pourtant la madrée Sunja n'était pas dénuée d'astuces. Les miettes de papadam arrivaient par cette galerie qui était l'unique aération du yogi puis dans sa bouche et il les avalait en pleine méditation. La jeune fille augmenta la dose la seconde semaine et la doubla la troisième car on était au dernier quartier et la nouvelle lune n'allait pas tarder. Quatre jours avant la date fatidique des craquements bizarres se firent sentir et Sunja devint de plus en plus joyeuse. Les deux crétins ne comprenaient toujours rien, le roi non plus d'ailleurs.

— Attendons, il reste trois jours !

Il n'eut pas le loisir d'attendre ce laps de temps. La carapace de terre était devenue si étroite qu'elle craqua de partout tomba en poussière comme la tour du Roi Akbar en d'autres temps et la lumière aveuglante du soleil tira définitivement l'ascète de sa méditation.

— Qui ose tirer un disciple du grand Shiva de sa méditation ?

Sunja terrorisée était de marbre. Le yogi posa ses yeux sur elle et face à sa beauté et à son immobilité pensa avoir devant les yeux une déesse sculptée. Alors il approcha sa main de ses superbes fesses, réminiscence lointaine d'un passé où il était un homme vital. Mais Sunja-Verathi l'interrompit dans son geste :

— Ô maître, ce que tu touches ne t'appartient pas !

Surpris, l'ascète retira sa main, la contempla fixement durant un laps de temps qui sembla être une éternité à la jeune fille et partit dans un éclat de rire tonitruant qui retentit longuement dans la forêt desséchée, faisant détaler lézards et scorpions, les porcs-épics et les varans étant boulottés depuis fort longtemps.

Habilement la belle lui susurra :

— Quelques papadams avec une omelette, des iddlies et un peu de chutney vous seraient-il agréables, mon prince ?

Habitué à être nourri depuis une lune, le sanyasin accepta de bonne grâce la proposition et la suivit dans sa demeure où il fut accueilli par une matrone radieuse, la mère de Sunja. A peine le seuil franchi qu'un roulement de tonnerre prolongé suivi de quelques éclairs tonitruants déclenchèrent une avalasse d'une intensité rare plongeant bêtes et gens dans un bonheur indescriptible :

— Marlaï ! Marlaï ! Enfin la pluie !

Le roi moins gras qu'auparavant, mais nettement plus dodu que ses sujets, était devenu complètement chauve !! En effet, rongé d'inquiétude devant ses administrés squelettiques, il se demandait sans cesse si ces derniers n'allaient pas revenir à des rites honteux qui se pratiquaient autrefois dans des îles lointaines mais qui pouvaient faire renaître des idées saugrenues dans des cerveaux affamés. Heureusement la pluie avait dissipé ses angoisses. On dilapida les dernières réserves de grains dans une fête modeste, ne gardant que le minimum pour faire la soudure. A la fin du repas, le roi frappa dans ses mains, alors les meilleurs musiciens du Royaume se mirent en place et de gracieuses danseuses, bien qu'amaigries avec parmi elles Sunja, évoluèrent devant l'assemblée réjouie. Soudain, Sunja dans une volte rapide perdit un bracelet de cheville. Envoûté par la beauté de la danse, le sanyasin fit appel aux puissants pouvoirs que lui avait conférés cette longue ascèse et le bracelet reprit sa place initiale. La foule retint son souffle. On attendait la posture royale ! Ce dernier tout esbaubi se demandait comment il avait pu craindre un sanyasi qui usait de pouvoirs divins pour rétablir l'erreur d'une danseuse, aussi jolie soit-elle ! Ce n'était qu'un minable vieillard au vital mal asservi qui n'était guère digne de son maître Shiva. Alors le monarque laissa percer un rire moqueur et désobligeant qui fut repris en volume par toute l'assemblée.

Le vieil homme profondément humilié n'en croyait ni ses yeux ni encore moins ses oreilles ! « *Comment cette racaille que je sauve de la famine, cette foule mal dégrossie ne comprend pas l'harmonie d'un geste de danse parfait. Shiva lui-même aurait replacé le bijou !* » Alors, ignorant ces malheureux villageois, il s'approcha du Lingam et implora son maître :

— Shiva ! Ô dieu terrible de la destruction, vois comme ces simples mortels se moquent de ton disciple et de son offrande ! Si tu es ce grand dieu dont la danse détruit le monde, punis ces impies qui t'ont offensé à travers mon humble personne ! Et sa voix enflait au fur et à mesure qu'il parlait, comme portée vers une énigmatique demeure divine...

Tout à coup, le lingam devant lequel il implorait son Dieu se fendit et apparut Shiva dans sa splendeur divine, les yeux flamboyant dans un visage bleu nuit empreint d'un noble courroux, les cheveux en chignons retenus par deux serpents annelés, la taille bien prise dans une peau tigrée dont les couleurs sortaient de leur élément comme si elles-mêmes étaient dotées de vie et le trident dans la main gauche celle de la colère non contenue. L'atmosphère était chargée d'une telle tension que certains villageois bien incapables d'émettre un son avaient les cheveux dressés sur la tête comme lorsque la foudre en boule vous approche de trop près....

Alors une voix dédoublée grave et stridente à la fois retentit :

— TOI mon fidèle disciple, puisque tu as été offensé, j'apparais à ce médiocre peuple et voici ma sentence : je maudis ce royaume ! Que la terre y soit stérile, que la pluie s'écarte de lui à jamais et que ce désert rappelle aux mortels leur médiocre position dans la hiérarchie du Créateur de l'univers !

Puis après un temps d'arrêt car les dieux, mêmes destructeurs, connaissent la faiblesse des humains, il reprit moins violemment :

— Le jour où des femmes et des hommes du monde entier accourront ici pour œuvrer ensemble, alors ce jour-là seulement cette terre recevra les vents et la pluie et portera de nouveau forêts et fruits abondants !

Et c'est ce qu'il advint.

Annexe 3 : Multivers et théorie des cordes

Dans les années 80, deux chercheurs américains donnèrent une existence mathématique à ce phénomène dit de « multivers » (multi–univers) où de nouvelles dimensions occuperaient l'espace parallèlement au nôtre mais que nous ne pourrions déceler. Gamin à l'époque de la descente du supramental (1956), j'étais accro de science–fiction, de Philip K. Dick et al. et j'imaginais mon double pas très loin qui mangeait des glaces et flirtait avec de superbes jeunes filles alors que moi j'usais mes fonds de culottes dans des collèges craignos la face pleine d'acné, repoussant à souhait. La réalité dépasserait-elle la fiction ?

Avec Einstein on savait que le Big Bang existait et que peut-être il y aurait un Big Crunch à la fin de l'expansion avec un retour au point *alpha* pour une durée très longue que les hindous dénomment nuit de Brahma. Or en 1980 Alan Guth, enseignant au MIT, refait les calculs des premiers moments du Bang et décèle une anomalie. Il parle d'une inflation avec gravité répulsive qui expulse la matière dans l'univers avant que l'on ne revienne à une expansion normale, un refroidissement et donc la création d'étoiles et de galaxies. Or cette inflation a laissé une trace dans le cosmos ! Il faudra dix ans pour la mesurer (1989) puis confirmer la théorie par l'observation. Paul Guth se répand en conférences dans le monde entier et enthousiasme son public.

A la même date deux physiciens russes Andrei Linde et Alex. Vilenkin pensent que l'inflation de Guth ne disparait pas mais qu'il y a eu de nombreux bangs et partant une multitude d'univers, que l'inflation ne s'arrête jamais et que ces univers se multiplient comme les trous dans une meule de gruyère !! Donc le multivers est le corollaire de l'inflation éternelle. Vilenkin ne parvient pas à convaincre A. Guth car cette théorie ne peut être vérifiée expérimentalement. Comment accepter des univers que l'on ne verrait pas ! On retombe dans la science-fiction !

Alex Vilenkin renonce mais Andreï Linde s'acharne et il va être soutenu par deux découvertes majeures : la théorie des cordes qui renaît de ses cendres et l'expansion accélérée de notre univers par cette fameuse énergie ou matière noire dont personne n'imaginait le rôle. Eh bien, cette matière noire contient une énergie, certes très faible 0,0(122 zéros)...1. Mais ce chiffre a permis la formation de notre univers actuel car la moindre modification de cette force infime aurait généré soit une expansion si rapide que les atomes n'auraient pu s'agréger en étoiles, soit l'expansion aurait été trop lente et l'univers se serait effondré sur lui-même. Donc l'énergie noire est pile-poil propice à la vie.

La théorie des cordes pressentie depuis la fin des années soixante va soutenir la théorie des multivers. Nous sommes dans un univers en 3 dimensions plus celle du temps donc 4, la théorie des cordes y ajoute 6 dimensions qui sont pratiquement invisibles. Regardons un câble électrique, nous distinguons hauteur, largeur et longueur. Maintenant une fourmi sur le câble distinguera toute sortes d'imperfections qui ajouterait une autre dimension ; imaginons une fourmi grosse comme un atome, elle distinguera autre chose, du vide séparant des éléments disparates... Si l'on poursuit le raisonnement, à la 6ème dimension nous avons affaire à des éléments si petits qu'ils sont en perpétuel mouvement donc peuvent se combiner en permanence et la totalité des combinaisons aboutirait à 10^{500} univers. Ainsi 3 découvertes majeures se croisent pour appuyer la théorie des multivers. On ne voit toujours rien mais on suppute, on est de moins en moins dans la fiction. Certains comprennent pourquoi les OVNI disparaissent instantanément des radars, d'autre imaginent que nous avons des doubles dans un univers proche qui effectuent d'autres gestes que les nôtres et s'éloignent ou se rapprochent au gré des combinaisons : c'est peut-être la magie du Cosmos, mais le monde entrevu par Mère (à travers le bateau du Supramental) est tout proche d'une autre dimension exprimée par les auteurs de la théorie des cordes.

Annexe 4 : La tour Triangle

La tour Triangle a fait fureur après les JO de Pékin ! Les architectes du Nid d'oiseau, Tom Herzog et Pierre de Meuron, ont été choisis par Delanoé pour ériger près du Parc des expositions une tour de 180 m de haut, base de 36 m avec 16 m au sommet, entièrement financée sur fonds privés. Hurlements des écolos qui estiment qu'elle sera « mangeuse d'énergie » malgré le vitrage spécial de Saint Gobain qui retient la chaleur en hiver et bloque les infra-rouges en été. Dans le registre créatif d'Auroville, une tour triangle tronquée au niveau du Matrimandir ou une pyramide plus large, forme qu'aimait Roger Anger, ne serait pas déplaisante surtout pour les personnes âgées à mobilité réduite qui désirent se rapprocher du centre, mêlées à des newcomers mis à l'épreuve de l'aide intergénérationnelle. Naturellement, fondations sur vérins et ancrage à la japonaise sont obligatoires dans une zone argileuse fragilisée par une faille proche qui peut rejouer à tous moments. (Voir la Tour Triangle sur le site de la Ville de Paris : **https://www.paris.fr/actualites/bientot-un-joyau-architectural-porte-de-versailles-4505**)

Annexe 5

Durant sa période dite occulte, Mère connaissait et appréciait les travaux d'Edgar Cayce (1877-1945), un photographe de Virginie (USA) qui par des transes qu'il désignait sous le terme de « lectures » avait accès à cette fameuse librairie ou annales akashiques où tout homme est répertorié avec ses vies antérieures et son niveau vibratoire. Cayce pouvait ainsi avoir accès aux caractéristiques physiques de chaque individu et donner le bon traitement à une époque où régnaient les diafoirus et les sulfamides. C'est lui qui le premier a évoqué la réincarnation alors qu'il était chrétien pratiquant donc censé ne pas l'admettre et transmet tout esbaubi les premiers savoirs précis sur les Atlantes et ses liens avec les peuples occupant le Mexique actuel, le Maroc (pays berbère), le Pays basque, l'Egypte et le plateau tibétain. Or une des analyses les plus pertinentes de Cayce est d'établir un rapport direct entre la colère voire la haine des peuples avec les météores climatiques ou géologiques. Plus les populations sont avancées et possèdent des vibrations élevées, plus les conséquences peuvent être désastreuses... Attention, ceci n'a rien à voir avec ceux qui pratiquent la magie noire et qui reçoivent en retour comme Haïti hurricanes, tremblements de terre ou dictatures sanguinaires.

Annexe 6 : L'espace aurovilien

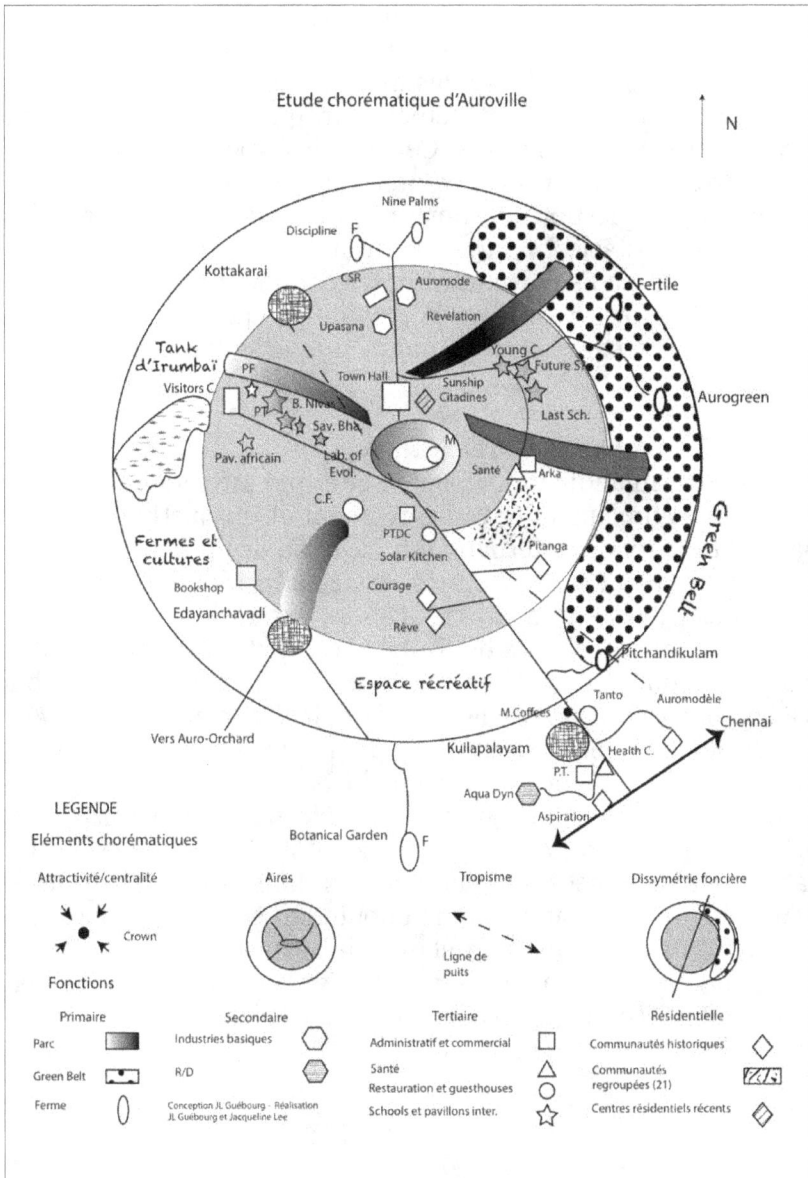

Etude chorématique d'Auroville

N

Nine Palms

Discipline F F

Kottakarai

CSR Auromode

Fertile

Upasana Révélation

Tank d'Irumbaï PF

Young C Future S

Visitors C Town Hall Sunship Citadines

Aurogreen

PT B. Nivas Last Sch.

Sav. Bha

Pav. africain Lab. of Evol. Santé Arka

C.F.

Fermes et cultures

PTDC Pitanga

Solar Kitchen

Green Belt

Bookshop Courage

Edayanchavadi

Rêve

Pitchandikulam

Espace récréatif

Tanto Auromodèle

M.Coffees Chennai

Vers Auro-Orchard Kuilapalayam Health C.

P.T.

Aqua Dyn

Botanical Garden F Aspiration

LEGENDE

Eléments chorématiques

Attractivité/centralité   Aires   Tropisme   Dissymétrie foncière

Crown

Ligne de puits

Fonctions

Primaire	Secondaire	Tertiaire	Résidentielle
Parc	Industries basiques	Administratif et commercial	Communautés historiques
Green Belt	R/D	Santé	Communautés regroupées (21)
Ferme		Restauration et guesthouses	
	Conception JL Guébourg - Réalisation JL Guébourg et Jacqueline Lee	Schools et pavillons inter.	Centres résidentiels récents

Définition du chorème :

Le chorème n'est pas une carte fidèle qui représente scrupuleusement la réalité du terrain à l'échelle. C'est d'abord une approche de la réalité par thème qui exprime le tropisme, la dissymétrie, la rupture de charge, la centralité ou le zoning d'un espace. Le chorème est un modèle qui ne se résume pas à produire une figure géométrique. Le chercheur doit observer l'espace pour essayer de discerner les principes en jeu car l'examen attentif met en piste hypothèses inductives mais aussi réflexion déductive. Il s'agit donc d'ajuster tous ces allers-retours car toute combinaison spatiale relève de mécanismes simples. Ceux-ci correspondent aux solutions que trouvent les sociétés confrontées aux écueils de la maîtrise de l'espace : appropriation, gestion, partition, drainage ou irrigation ainsi qu'aux obstacles naturels inhérents aux forces physiques que ces groupes humains doivent affronter comme la pente, le gradient, l'étagement, la dissymétrie ou la gravité. Le choix des décideurs en fonction de ces paramètres donnera une orientation attractive ou non à la cité.

Commentaire du chorème aurovilien :
Le Matrimandir exerce sur la cité une attractivité indéniable qui dépasse amplement le cadre régional et qui justifie le manque criant d'un aéroport international. La ligne des puits (le premier a été désigné par Mère à Auromodèle) ainsi que l'implantation d'Aspiration hors site a drainé d'abord les résidents vers le sud, s'appuyant sur les villages de Kuilapalayam et d'Edayanchavadi. Le manque de dons et la faible réactivité des décideurs n'ont abouti qu'à l'obtention de 30 % de la superficie de la Green Belt.

Le déplacement du centre de gravité du sud vers le centre s'est nourri depuis 2008 de l'attraction du Matrimandir autant que du vieillissement de la population. La faible taille de cet espace (20 km^2) n'est point un handicap : Hong Kong, Singapour et le mini-Etat du Vatican ne sont guère mieux lotis. Ces cités-Etats ont néanmoins quelques atouts : une population policée et respectueuse de l'environnement, un hub et une infrastructure portuaire. Une population plus abondante donc créative, un premier wharf pour l'exportation seraient des atouts indéniables pour l'avenir d'Auroville.

TABLE DES MATIERES

Imprimé par CreateSpace
Dépôt légal mai 2018

www.ingramcontent.com/pod-product-compliance
Lightning Source LLC
Chambersburg PA
CBHW072235290326
41934CB00008BA/1304